综合素质拓展

（第二册）

主 编 朱忠义 李 规 阳 娟

北京理工大学出版社
BEIJING INSTITUTE OF TECHNOLOGY PRESS

版权专有 侵权必究

图书在版编目（CIP）数据

综合素质拓展. 第二册/朱忠义，李规，阳娟主编. —北京：北京理工大学出版社，2019.6（2020.8重印）

ISBN 978 - 7 - 5682 - 6884 - 4

Ⅰ.①综⋯　Ⅱ.①朱⋯ ②李⋯ ③阳⋯　Ⅲ.①大学生 - 素质教育 - 高等学校 - 教材　Ⅳ.①G640

中国版本图书馆 CIP 数据核字（2019）第 053691 号

出版发行 / 北京理工大学出版社有限责任公司	
社　　址 / 北京市海淀区中关村南大街 5 号	
邮　　编 / 100081	
电　　话 /（010）68914775（总编室）	
（010）82562903（教材售后服务热线）	
（010）68948351（其他图书服务热线）	
网　　址 / http：//www.bitpress.com.cn	
经　　销 / 全国各地新华书店	
印　　刷 / 三河市天利华印刷装订有限公司	
开　　本 / 787 毫米 × 1 092 毫米　1/16	
印　　张 / 8.5	责任编辑 / 李慧智
字　　数 / 205 千字	文案编辑 / 李慧智
版　　次 / 2019 年 6 月第 1 版　2020 年 8 月第 3 次印刷	责任校对 / 周瑞红
定　　价 / 32.50 元	责任印制 / 施胜娟

图书出现印装质量问题，请拨打售后服务热线，本社负责调换

前　言

十九大报告提出："青年兴则国家兴，青年强则国家强，青年一代有理想、有本领、有担当，国家就有前途，民族就有希望。"习近平总书记强调："中国的未来属于青年，中华民族的未来也属于青年。青年一代的理想信念、精神状态、综合素质，是一个国家发展活力的重要体现，也是一个国家核心竞争力的重要因素。"确实，良好的综合素质是广大青年担当时代责任，实现伟大中国梦的基石。高校承担着立德树人的根本任务，作为高校教育工作者，我们应竭尽所能，为青年学生的成长成才搭建平台。当代青年生逢其时，也重任在肩，唯有坚定理想，勇于开拓，励志勤学、刻苦磨炼，才能在激情奋斗中绽放青春光芒、才能创造无愧于时代的人生华章。

大学生是优秀的青年群体，是社会发展的主力军。当代大学生既要掌握系统的专业知识，更要具备较强的综合素质。具体表现为较高的道德品质、心理素质、文化素养和创业创新能力等。大学生正处于成年初期，应树立正确的世界观、人生观和价值观，积极培养与时俱进的思维能力，塑造良好的道德品格，养成健康的行为习惯，才能担当起民族复兴的重任。

近年来，娄底职业技术学院高度重视学生思想政治教育工作，为更好地培养学生的综合素质，学校2017年开始实施综合素质拓展课程教育，学校党委书记、校长高度重视，亲自参与教材编写和指导。本书编写过程中，充分把握当代大学生身心特点，以"实用""新颖"和"互动"为原则，把课堂教学和德育实践紧密结合，集合了专家、学者、学校管理者和一线辅导员的集体智慧。全书按年级分成3册，共10个篇章44个章节，内容设置上重实际，接地气，通过"课堂导读""课堂思考""课后延伸"和"经典诵读"等环节对课堂教学进行形式多样的组织和安排，力求贴近当代大学生的特点和生活，引发学生的思考和探索，促进学生的成长和发展。

本册是《综合素质拓展》的第二册，适合于高职院校二年级学生使用，本册包括"求知问学篇""为人处世篇""社会实践篇"和"品格塑造篇"4个篇章，16个章节，着重从培养学生养成好的学习习惯、学会为人处世、多参加有意义的社会实践、塑造良好的品格等方面开展相关主题教育。

本书的编写借鉴和引用了国内外许多研究成果，因各种原因，未能与这些成果的著作权人一一取得联系，在此表示诚挚的感谢和敬意。感谢本书的所有参编人员，由于编写时间仓促，水平有限，书中难免有不足之处，恳请读者赐教。

编　者
2019年3月

目 录

求知问学篇

第一章 树立"求真"的学习精神 ········· 3
- 第一节 习近平在北大的讲话 ········· 3
- 第二节 真理 ········· 4
- 第三节 在实践中不断追求和发展真理 ········· 5
- 第四节 知识的重要性 ········· 6
- 第五节 培养大学生的求真精神 ········· 7

第二章 你掌握了科学的学习方法吗 ········· 10
- 第一节 学习的目的 ········· 10
- 第二节 学习的方法 ········· 13

第三章 兴趣是起点 潜力也要挖 ········· 19
- 第一节 培养良好的兴趣和爱好,人生因此而不同 ········· 19
- 第二节 寻找可行的方法,培养最适合自己的兴趣和爱好 ········· 21
- 第三节 尝试多种兴趣,丰富大学生活 ········· 22

第四章 把时间当作朋友 ········· 31
- 第一节 认识与时间管理 ········· 32
- 第二节 大学生时间管理 ········· 34
- 第三节 重新认识时间 ········· 38

为人处世篇

第五章 坚持做善良的人 ········· 43
- 第一节 在当代社会,善良还有必要吗 ········· 43
- 第二节 善良的意义 ········· 45
- 第三节 如何成为一个善良的人 ········· 46

第六章 尊重他人 学会赞美 ········· 50
- 第一节 尊重的内涵 ········· 50
- 第二节 尊重的意义 ········· 51
- 第三节 学会尊重他人 ········· 53
- 第四节 学会赞美 ········· 54

第七章　学会换位思考 …… 57
第一节　何谓换位思考 …… 57
第二节　换位思考的重要性 …… 58
第三节　如何做到换位思考 …… 60

第八章　保持自我　倾听他人 …… 64
第一节　倾听的内涵 …… 64
第二节　倾听的重要性 …… 66
第三节　倾听的技巧 …… 67

社会实践篇

第九章　志愿精神 …… 73
第一节　走进志愿精神 …… 73
第二节　大学生志愿服务的种类 …… 74
第三节　大学生志愿服务价值 …… 76

第十章　社会实践 …… 78
第一节　大学生社会实践的意义 …… 78
第二节　大学生校园社会实践活动的基本形式 …… 80
第三节　大学生校外社会实践活动 …… 83

第十一章　勤工助学 …… 86
第一节　认识勤工助学 …… 86
第二节　勤工助学对大学生的作用 …… 88
第三节　勤工助学中的注意事项 …… 89

第十二章　创新创业 …… 93
第一节　创新创业的基本常识 …… 93
第二节　大学生创业优惠政策 …… 95
第三节　大学生创业应注意的事项 …… 96

品格塑造篇

第十三章　诚实守信篇 …… 101
第一节　了解诚信 …… 101
第二节　大学生诚信缺失的主要表现 …… 102
第三节　大学生如何做到诚实守信 …… 104

第十四章　团结互助 …… 106
第一节　团结互助的基本内涵 …… 106
第二节　大学生团结互助精神缺失的现象及原因 …… 108

  第三节 大学生如何做到团结互助……………………………………… 111
第十五章 勤俭节约……………………………………………………………… 113
  第一节 勤俭节约的内涵和意义……………………………………… 113
  第二节 大学生勤俭节约意识缺失的表征及成因…………………… 114
  第三节 大学生如何养成勤俭节约的好习惯…………………………… 116
第十六章 乐于奉献……………………………………………………………… 119
  第一节 奉献知多少…………………………………………………… 119
  第二节 大学生奉献精神产生偏离的原因及现状…………………… 122
  第三节 大学生如何做到乐于奉献………………………………… 124
参考文献…………………………………………………………………………… 126

求知问学篇

求知问学斋

第一章

树立"求真"的学习精神

人们常说"耳听为虚,眼见为实",求真,是做事严谨细致、一丝不苟的体现,有了求真精神,才会抛弃臆断,获得正解,从而避免尴尬和错误。求真是一种良好的品质,是一种态度,是衡量做事尽力的重要标志;求真是一个人的修养,一个人走向成功的必备素养。

课堂导读

明代的医药学家李时珍是一个富有求实精神的人,为了完成修改本草书的艰巨任务,他几乎走遍了名川大山,行程不下万里。同时,他还参阅了800多部书籍,经过3次修改,终于在61岁的那年,编成了《本草纲目》一书。

第一节 习近平在北大的讲话

2018年5月2日,在北大师生座谈会上,习近平总书记对青年学生提出了"爱国、励志、求真、力行"的八字要求,勉励广大青年忠于祖国,忠于人民;立鸿鹄志,做奋斗者;求真学问,练真本领;知行合一,做实干家。

求真,求真学问,练真本领。"学所以益才也,砺所以致刃也。"习近平总书记强调,知识是每个人成才的基石,在学习阶段一定要把基石打深、打牢。学品即人品,有什么样的为学求知态度,就有什么样的人生品格。"学而不思则罔,思而不学则殆。"青年人正处于学习的黄金时期,应该把学习作为首要任务,作为一种责任、一种精神追求、一种生活方式。要自觉肩负起时代的使命,不为一时世风所惑,心无旁骛,勤奋学习,以高洁的学品涵养高尚的人品,以良好的学风锻造做人的风格。"学如弓弩,才如箭镞。"要如饥似渴,孜孜不倦学习,既多读有字之书,也多读无字之书,注重学习人生经验和社会知识。

什么是"真学问",也是值得我们思考的问题。有北大的学生曾经在一次学术讨论中说,那些能够解决实际问题、对人类社会有积极意义、能够帮助我国建设一流国家的学问才叫真学问。这句话得到了很多北大师生的认可。他们在求学打基础的阶段已经在探求真学问,已经自觉将学术研究与中国发展的具体实践相结合,这种"求真""求实"的精神将是他们未来建设祖国、振兴中华的坚实基础。

课堂思考

习近平在北大的讲话对我们的启示是什么呢？

第二节 真 理

真理是标志主观同客观相符合的哲学范畴，是人们对客观事物及其规律的正确反映。谬误则是人们对客观事物及其规律的错误反映。

一、真理的基本属性

真理的基本属性是客观性，也就是说真理是不以人的意志为转移的，它不会受到权力、地位、金钱的影响，如黑板是黑的，他不会因为某人，而变成红色。这里讲的客观性，主要是从真理的内容，也就是其所反映的对象角度来讲的。因此，真理在内容上是客观的。

正是因为真理具有客观性，所以说真理面前人人平等。因为，第一，真理的内容来自物质世界的客观事物及其规律，真理的内容不依赖于人和人类的主观意志；第二，检验真理的标准是客观的社会实践。

二、真理是具体的有条件的

课堂探究：思考下雨是好事还是坏事？

古时候，有个老婆婆总是不停地在一座庙前哭泣，晴天哭，雨天也哭。人们都叫她哭泣婆。一天，有个老和尚问她："老人家，你为什么哭得这么伤心？"老婆婆说："我有两个女儿，大女儿卖伞，小女儿卖布鞋。天晴的时候，大女儿的雨伞卖不出去；下雨天的时候，又没有人去买小女儿的布鞋。她们挣不到钱，可怎么生活呀！一想到这些我就难过。人呀，怎么这么难？"说完，又悲悲切切地哭了起来。"老婆婆，你为什么不反过来想呢？晴天，你小女儿的鞋店前门庭若市；雨天上街的行人又都往你大女儿的伞铺里跑。这样不是就不苦了吗？"老婆婆觉得他的话有道理，便听从了他的劝告。从此，天天笑得合不拢嘴，哭泣婆变成了笑婆。

这说明离开一定的条件，不好判断一种认识是不是真理。真理是有条件的，是具体的。

三、求真是有条件的

任何真理都有自己适用的条件和范围，如果超出了这个条件和范围，只要再多走一小步，哪怕是向同一方向迈出的一小步，真理就会变成谬误。

例如：直角三角形是 $a^2+b^2=c^2$，正三角形则 $a^2+b^2=c^2$ 不成立。

平面三角形内角和为180度，而凹面上三角形的内角和小于180度，凸面上三角形的内角和大于180度。

四、真理是具体的

判断：真理永远都是正确的吗？

"造反有理"这个观点是真理还是谬误？

在中国人民深受帝国主义、封建主义、官僚资本主义三座大山压迫时，毛泽东说"造反有理"，指人民要求解放。在20世纪60年代，一些别有用心的人在十年浩劫中也打出"造反有理"，要造人民政权的反，造社会主义的反。

上述例子说明真理是具体的，要在具体的历史范畴来判别某个观点是真理还是谬误。

任何真理都是相对于特定的过程来说的，都是主观与客观、理论与实践的具体的历史的统一。如果我们不顾过程的推移，不随着历史条件的变化而丰富、发展和完善真理，只是照搬过去的认识，或者超越历史条件，把适用于一定条件下的科学认识不切实际地运用于另一条件之中，真理都会转化为谬误。真理的具体性要求我们：主观与客观要做到具体的、历史的统一，做到与时俱进。

课堂思考

如何理解真理都是有条件的？如何理解真理都是具体的？真理的条件性和具体性给我们的启示是什么呢？

第三节　在实践中不断追求和发展真理

与时俱进，开拓创新，在实践中认识和发现真理，在实践中检验和发展真理，是我们不懈的追求和永恒的使命。

一、认识具有反复性

A. 从认识的主体来看，人们对客观事物的认识总要受主客观条件的限制。客观条件：具体的实践水平，特别是社会实践所达到的广度与深度的制约。主观条件：受不同的立场、观点、方法、知识水平、思维能力、生理素质的限制。

B. 从认识的客体来看，客观事物是复杂的、变化着的，其本质的暴露和展现也有一个过程。因此，任何一个正确的认识，都要经历一个由实践—认识—再实践—再认识多次反复的过程才能完成。

例如：人类对宇宙星球的探索，早在20世纪初就开始了，至今已有半个世纪，成功和挫折是共存的。

成功的事例有：

人类对火星的探索早在20世纪60年代就开始了。1965年美国的宇宙飞船拍摄照片显示火星表面是一片坑坑洼洼的贫瘠荒地。1969年美国同时派两艘飞船去探测火星，拍下了

100多张照片,并对火星上的大气及其表面进行了分析。火星,是太阳系第四颗大行星,从地球上望去,火星犹如一个巨大的火球。人类对这个红色星球充满了巨大的好奇和无限的遐思……1976年发射的宇宙飞船在火星表面着陆,在火星土壤中发现了奇特的化学元素,1996年美国宇航局的"火星全球调查者号"发射,并让科学家们意识到火星表面下可能有水。目前,美国的两个火星探测器仍在火星轨道工作;另外,欧洲发射了"火星快车"探测器。

挫折的事例有:

2003年2月1日北京时间10:00载有7名宇航员的美国哥伦比亚号航天飞机在结束了为期16天的太空任务之后,返回地球,但在着陆前发生意外,航天飞机解体坠毁,7位宇航员遇难。

哥伦比亚号失事后,应该怎么看待航天技术呢?

可见人类掌握航天技术的过程,并不是一帆风顺的,由于认识受主观条件和客观条件的限制,在实践中出现挫折是难免的。由于认识具有反复性,因此,应在挫折中寻找原因继续探索。

二、认识具有无限性

认识具有无限性的原因:①认识的对象是无限变化着的物质世界;②作为认识主体的人类是世代延续的;③作为认识基础的社会实践是不断发展的。

每个时代、每个人的认识发展的有限性,构成了整个人类的认识发展的无限性。

三、认识具有上升性

认识运动的反复性和无限性,并不表明认识是一种循环运动。从实践到认识、从认识到实践的循环是一种波浪式的前进或螺旋式的上升。认识运动的反复性和无限性,并不表明它是一种圆圈式的循环运动。真理不会停止前进的步伐,它在发展中不断地超越自身。已经确定的真理也在不断向前发展。

课堂思考

如何在实践中不断发展和追求真理?

第四节 知识的重要性

知识能使人获得财富,知识能使人变得高尚,知识能使人的生活充满阳光,知识能使人获得强大的力量,冲破重重困境,最终走向成功的大门;知识能使一个民族变得优秀,变得强大起来;知识能使一个国家变得繁荣昌盛。

(1)知识就是力量,知识经济时代,科学技术是第一生产力,在当今这个社会,需要的是有广博知识的人，所以从清华、北大出来的学生总是能够更容易地找到工作。这个社会需要的是有专业知识的人，企业招人首先是看应聘者的专业知识，而不是看其他的。

（2）专业知识的重要性可以用几个通俗的比方来形容：一个人掉进河里，你没有游泳知识和本领怎么去救人，怎么去发扬你的精神？一个病人去看病，虽然是免费的，但是医生医术不怎么高明，病人会怎么样呢？一座坚实的房子，怎么能少了结实的地基？相信这三个例子让大家更容易明白专业知识的重要性。

（3）百年大计，教育为本。教育在全面建设小康社会和实现中华民族伟大复兴中具有先导性、全局性作用。教育的根本任务是造就数以亿计的高素质劳动者、数以千万计的专门人才和一大批拔尖创新人才，为国家培养更多的"有理想、有道德、有文化、有纪律"的社会主义事业建设者和接班人。党的教育方针要求高校坚持教育为社会主义现代化建设服务，为人民服务，与生产劳动和社会实践相结合，培养新一代的建设者和接班人。当今世界，科学技术突飞猛进，发展教育和科学技术是文化建设的基础工程，科教兴国战略也要求高校培养一大批高素质专业人才。

（4）增强学生社会竞争力是高校发展的内在要求。学校在培养人才的过程中，一切为了学生的成长和发展。目前高校间的竞争也是人才培养的竞争，体现于高校培养的人才的社会竞争力。学生步入社会之后，每个工作岗位都是有具体要求的，现在企业招人，设定的标准都类似于"低于本科、研究生等学历的不考虑"（这个时候，专业知识充当的是敲门砖的作用）；学生在职业上的发展潜力也是和专业知识的掌握程度及个人综合素质密切相关的。

知识学习是在校大学生最基本的任务，也是最重要的任务，这是显而易见的。

课堂思考

知识学习和社会经验哪个更重要？

第五节　培养大学生的求真精神

我国当代大学生作为中华民族未来的希望和社会主义事业的建设者和可靠接班人，需培养他们的求真精神。

第一，提高大学生的求真意识。

求真意识是培养求真精神的先决条件。因为一个人有无求真精神，首先得看是否有求真意识。所以当代大学生要树立科学正确的世界观，充分认识到求真意识的巨大作用，用求真的态度指导自己做好每一件事。

第二，提升大学生的求真品质。

品质在求真过程中起着驱动力的作用，又在人们求真学习过程中起控制调节作用。求真品质主要包括兴趣、情感、意志、作风、态度、精神等方面。良好的求真品质能使人们乐于参与学习及实践活动并从中得到乐趣和满足，能使人们有坚强的意志，表现出高度的自觉性和自制力，能坚持实事求是的作风、谦虚谨慎和勤奋努力的求真精神。

第三，培养大学生的求真能力。

能力是素质的核心。一是学习、获取已有知识的能力。这是人们在学习已有知识的过程中所形成的。二是进行研究、探索新知识的能力，即创新能力。这一能力是具有更高要求的综合能力，它是在掌握一定的科学知识过程中已形成了各种能力后，运用一定的科学方法去解决新问题或探索新知识的能力。

二、培养大学生的求真探索精神

当代大学生，作为社会宝贵的财富，有着大学生应有的骄傲。然而不少大学生生活在物质丰厚的家庭里，缺乏奋斗精神，知难而退，遇挫而废，贪图享乐，追求个性。

为此，要解决这些大学生的这些问题，培养他们追求真理的探索精神。

第一，要给大学生介绍大量的科学家求真的发明故事，使大学生从中领悟每一个真理的产生都必须建立在艰苦劳动的基础上，进而以科学家们为榜样，在心中树立勇于探索的精神，并且用这种精神去支撑自己的创新活动。

第二，实施挫折教育，让在困难面前畏首畏尾的大学生坚强起来，不怕失败，不怕别人嘲讽，艰苦奋斗，顽强拼搏，增强自身的心理承受能力。

第三，要对有创造发明成果的大学生进行物质和精神上的鼓励，支持他们进行再创造活动。对创造失败的大学生，不能冷落，要帮助他们树立自信，鼓励他们在失败面前站起来，从失败中汲取经验教训，一如既往地追求真理，走向成功。

课堂思考

1. 大学生如何培养求真精神？
2. 课堂互动：求真实验

材料：一个光盘，一盏酒精灯。

操作：将光盘分开，分成两片，将透明的那一片用火烤，当烧到光盘软的时候，吹光盘，泡泡就产生了。

讲解：光盘看上去很薄，但是它分很多层，它的主要组成物质是聚碳酸酯，是一种热塑性树脂。这种树脂的热延展性非常好，只要给它加热，迅速地吹口气，就能吹出泡泡来，和我们生活当中看到的吹糖人原理是一样的。

课后延伸

扒一扒身边求真同学的榜样。

 经典传诵

路漫漫其修远兮，吾将上下而求索。

【出处】：屈原《离骚》

【释义】：到达目的地之路虽然漫长辽远，但我要不失时机地探索而行。

【解读】：在追寻真理方面，前方的道路还很漫长，我们需要百折不挠，不遗余力地去追求和探索。

第二章

你掌握了科学的学习方法吗

和做任何事情一样,学习是有方法的,每个人都应有自己的学习方法。中国古代大教育家孔子曾经说过要因材施教,所以学习方法因人而异。学习方法对我们来说是非常重要的。一个好的学习方法可以让我们更加迅速、牢固地掌握知识,使我们在学习上事半功倍。

 课堂导读

讨论反思自己的学习方法是否科学。

第一节 学习的目的

知识时常需要更新,随着时间的流逝,知识还可能遗忘,但获取知识的方法却不会被丢失。古人说:"授人以鱼,仅供一饭之需;授人以渔,则终身受用无穷。"也就是这个道理。相传有一个人,巧遇一仙翁,仙翁点石成金,要把金子送给他,但他不要金子,而要仙翁点石成金的指头。这个人为什么要指头呢?因为他懂得,不管送自己多少金子,金子总是有限的,但如果有了点石成金的指头,那就可以随心所欲了。

一、学习是为中华之崛起而学习

青年代表祖国的明天,今天我们的每一分努力都将是为祖国明天添砖加瓦的材料,是祖国强大的保证。所以,我们每天所做的一切都关系到国家的发展、民族的振兴。一言以丧邦,一言以兴邦。我们应该本着一颗爱国的心去学习、去奋斗。

爱国之人必爱学习。有一个最老套的问题:你为什么读书,为谁读书?有人说是为自己找个饭碗而读书,也有很多人说为了实现个人理想而读书,这都没错,但个人理想应有最终的社会指向,作为炎黄子孙,我们读书是为了国家。国家需要人才,国家需要栋梁之材。

中国残奥代表团女子游泳队运动员、北京联合大学特殊教育学院2007级本科生谢青是一个生活在黑暗里的女孩,但她坚强乐观。正是这个从未见过色彩的女孩,却用艰辛的汗水与泪水在游泳池里编织出了属于自己的七彩世界。在第七届全国残疾人运动会上,她在女子S11级50米自由泳、100米自由泳等6项比赛中一人独得5枚金牌和1枚银牌,打破了3项全国纪录和1项世界纪录。谢青先天性视网膜萎缩,出生时眼睛还有些光感,但随着年龄的

增长,光感却越来越弱,直至完全失明。但磨难并没有打垮这个坚强的女孩。9 岁时,一个偶然的机会谢青接触到了水,并对这个从来没有用眼睛看到过的神奇物质产生了感情。从此,她的梦想在水中生根发芽了。

2005 年 8 月到 10 月,由于视力从 S12 级半盲变成 S11 级全盲,这期间的训练成为谢青最艰难的一段训练过程,她不停地撞到水和池壁,连到终点撞线都要教练提示。腿碰青了,头撞破了,甚至泳帽都不知划破了多少个。但她从来没有放弃过,她坚信:坚持就是胜利。

凭着超人的毅力,谢青终于考进了北京联合大学,2007 年还获得了校长特别奖。为了实现自己的最大梦想,拿到一块北京残奥会的金牌,谢青训练更刻苦了。因为她深知,每一枚金牌的获得都是由自己的汗水浇灌而成的,在训练中每多划一次水,就离金牌更近一步。2008 年她参加了残奥会,并获得了一枚北京残奥会金牌。自强的人总是能开辟全新的人生,改变困苦的命运。谢青因为自强战胜了自己,为自己更为国家争得了荣誉。由此可见,年轻人就是要不断地学习,用知识和技能来武装自己,使自己更有奋斗的力量。

二、学习是人生存和发展的需要

学习是人类改造自己、提升自身生活质量的一种手段。因为学习,我们才能取人所长;因为学习,我们才能掌握更多的知识和才干。学有所成,是干好一番事业的基础和条件,学习是收获幸福、追求成功的必然通道,学习应该是一件让人快乐的事情。孔子说过:"学而时习之,不亦说乎?"当然,学习的过程是漫长的、艰苦的、充满挑战的,但是,这些学习过程也包含着快乐和幸福。拥有知识的人是最充实、最幸福的人。在学习中,我们收获成功,收获希望,也收获无比精彩的未来。

1. 学习使我们充满阳光

孔子曾讲过自己对学习的感受:"朝闻道,夕死可矣。"可见,孔子对学习重视和热爱的程度。徜徉在知识的海洋中,随时都会让人感到快乐。唯有不断地学习,才能让人脱离愚昧,增长见识,提高能力,并谱写出人生幸福的乐章。

有些人认为学习就像饮一杯苦水,远不如及时享乐来得甜蜜,殊不知,这种低层次的快乐观只能愉悦一时却无法持久。贪图享受,拒绝求知,生活最终是低层次的,更谈不上什么发展和希望,这样的人最终只能成为没有精神支撑的行尸走肉而已。知识就像一块巨大的磁铁,吸引着热爱学习的人们。正如美国的爱默生所说:"一切都是谜,一个谜的答案是另一个谜。"学习的过程正是如此,知识的广度一环套一环,知识的深度引人入胜,知识的奥妙其乐无穷。学习的过程又像品味一杯浓咖啡,入口苦涩,却让人回味无穷,难以割舍。

学习是快乐的。当你翻开书本,就如同打开知识的大门一般。在书中,你会有很多亲近的朋友,他们告诉你知识的奥秘、人生的真谛。你会和许多智者对话,跟许多伟人交谈。把他们的知识灌注在心中,融化在脑海里,你就等于站在巨人的肩膀上。徜徉在知识的世界里,你会感到自己的天空是那么明朗,更会觉得浑身有一种无法形容的力量。

数学家陈省身曾经说:"数学好玩。"从科学家的话语中,能间接地领略数学王国的广阔和精彩。学习中苦与乐是相对的,关键在于你的态度,你认识到学习的重要性,就必然会热爱学习,那么快乐自然就会源源不断地注入你的心田。快乐学习也是人生的一种境界,一种积极的态度,一种向上的追求。

杜甫说过："读书破万卷,下笔如有神。"说的就是学习的必要性和重要性。知他人所不知,解他人所未解永远是一种美好的追求,在追求中享受幸福和快乐,人生该是多么美好!

人生最重要的经历是成长,成长之道,唯有不断学习。大学生现在正处于立志求学的大好时期,没有谁生来就是科学家、政治家、艺术家,要想成功,靠的是知识的铺垫、经验的积累。学习必须要勤奋,必须要刻苦,因此许多学子把"书山有路勤为径,学海无涯苦作舟"这句话当作自己读书的座右铭。毛主席说过:"好好学习,天天向上。"当我们每天快乐地学习的时候,也会愉悦地感受到每天在快乐地成长。

2. 活到老,学到老

英国学者培根说:"知识就是力量。"对于知识的作用和价值,古人已有认识,汉朝哲人王充的论断是"人有知学,则有力矣。"今天,日新月异的科技进步、不断深化的社会变革,使我们对知识与力量的关系有了更新的体验,学习的重要性日显突出,学习对每一个人都是重要的。我们所说的学习,是广义的学习:既学习知识,又学习技能;既学习历史,又学习现实;既学习自然科学,又学习人文科学;既向书本学习,又向实践学习。一个有正确思想观的人会对他人所具有的长处抱着学习的态度,所以学习是没有边界的。

学习的目的在于运用。年轻人要认识到学习的重要性,以不断提高自身的思想素质和个人能力为目标,扎扎实实地学习,努力做到理论与实际、学习与运用相统一,力求达到三个方面的学习成效:一是学以立德,即通过学习,科学地掌握立场、观点、方法,坚定理想信念,坚持正确的事业方向,牢固树立科学的世界观、人生观、价值观和正确的权力观、地位观、利益观;二是学以增智,即努力掌握基本知识,扬弃旧义,探求新知,不断提高驾驭全局的能力、宏观决策的能力、综合协调的能力、知人善任的能力和处理复杂问题的能力;三是学以致用,即把科学理论和知识用于指导个人发展的具体实践,用于研究解决个人存在的实际问题,创造性地开展工作,把事业不断向前推进。

活到老,学到老。有人把学习比作终生的事业,的确如此,因为知识永无枯竭,所以学习永无止境。著名经济学家于光远,晚年又开始攀登文学高峰,其散文出手不凡,自诩"21世纪文坛新秀"。在90岁之前于老出版了75部著作。晚年的于光远每天花大量的时间坐在电脑前,除了吃饭、睡觉,他基本都在电脑上写着、学着、玩着。他快活地表示,不过百岁生日,要出百部著作。于光远就是"活到老,学到老"的楷模。

德国有个叫玛克司的老太太。早在1994年,当时70岁高龄的她,经过长达6年的刻苦攻读完成了学业,以优异的成绩获得了科隆大学的教育学硕士文凭。9年之后玛克司又在年近八旬时,完成了长达200页的博士论文,论文的题目是"如何度过晚年——学习使老人永远充满活力",最后被科隆大学授予教育学博士学位。

我们应该放眼整个世界,展望人生长远的发展,才会觉得学习并不仅仅是为了取得眼前的某些利益,明白了这点,就会有一种强烈的使命感,这种使命感便是快乐。

有了快乐的理由,我们才会活到老,学到老。学习不仅仅是指在学校里的学习,学习的方式还有很多种,从书本上学,从实践中学,从他人的经验里学。其实先哲早已告诉了我们这个道理。子曰:"三人行,必有我师焉。"任何事情都有值得借鉴吸收的部分,任何人都有我们值得学习的地方。读万卷书不如行万里路,要不断地走出去,感受外界,吸收外界的精华为己所用。

 **课堂思考**

大学生为什么要学习？

第二节　学习的方法

现在不少学生不会学习，或是一种被动式的学习，或是停留在以前的学习状态，只是上课听老师讲、不去思考为什么，只是被动地完成老师的作业，没有自主性的学习、缺乏探究性的学习。虽说"学无定法"，但"不能无法"。

一、书山有路勤为径

说到读书要勤奋，很多人的脑海里就会想起一些关于勤奋学习的画面。但是，什么为"勤"？假设有两个学习者，一个整天把书拿在手里翻阅，看上去是在阅读，实际上却从来没有思考过、研究过、比较过、咀嚼过，另一个呢，学习的时间可能比那一个要少，但是学习时勤于思考、细心咀嚼、潜心揣摩，取得了比前者更优异的学习成绩。这样看来，表面上是"不勤"的比"勤"的学习成绩要好，但究竟谁更勤呢？谁付出了更多脑力劳动呢？显然是后者，后者虽然看上去学习和阅读的时间少一些，但比前者付出了更多的脑力劳动，他的成绩之所以比前者更好，就是在于他付出的脑力劳动和消耗更多，前者是称不上"勤"的。

"书山有路勤为径，学海无涯苦作舟"从来都是勉励读书人勤奋用功的格言。古人一直将吃苦放在勤奋学习的根本上，如今，对这种苦应该有新解——真正爱学习的人必是勤奋之人，之所以勤奋是因为他心中有信念，有希望和目标在支撑。所以追求知识的过程应该是种自我满足的过程，也是一个自我愉悦的过程。当然这种愉悦有非同一般的意义。"书山"再高，路途再远，山再险峻，这"山"也是必爬之山，也是乐爬之山。你不畏艰难地爬上书山甚至翻过书山，自己是不是也在经历一个从外到内的质变过程呢？

"书山有路勤为径"里的"勤"字不仅仅是指阅读、学习的姿态，更是指一种"思考"的过程。不用脑子读，不算是真正意义上的读书。勤是什么？勤不是摆出阅读的姿态，不是成天挑着灯拿着书本摇头晃脑的姿态，而是要看你究竟经过了多少思考，在思考中花费了多少心血，这才是真正意义上的"勤"。也就是说，不仅仅要勤于阅读，还要勤于思考，这就是读书方法，也是对学习能力的要求。如此，只有脑力劳动效率提高，学习才能取得质的飞跃。

在学习的道路上，你付出多少才能得到多少。将读书看作人生的一大要事是中国悠久的传统，如今，中国仍旧是世界上最为重视学习和教育的国家。历史上曾经涌现出的勤学的例子数不胜数，孙康映雪苦读，车胤囊萤夜读，朱买臣负薪读书，李密牛角挂书，孙敬悬梁刺股，匡衡凿壁借光……匡衡年轻时十分好学。他家里很穷，买不起蜡烛，匡衡晚上想读书的时候，常因没有亮光而发愁。后来他想了一个办法，就在墙壁上悄悄地凿了一个小孔，让隔壁人家的烛光透过来。就这样,他经常学到深夜,后来成了西汉著名的学者。从凿壁借光的故事可看出外因(环境和条件)并不是决定性的因素,匡衡在极其艰难的条件下,通过自己的努力学习和坚强毅力,终于一举成名。这就说明内因才是事物发展、变化的根据和主要原因,外因只是影响事物变化的条件,它必须通过内因才能起作用。这里的内因就是一种坚定的信念,就是奋发好学的精神。

在社会高速发展的今天,知识早已成为人们改造自然、创造美好未来的有力武器。张海迪虽然身残,但她通过勤奋学习,成为当今世人自学成才的典范,不仅改变了自己的命运,还以她的博学多才为人们提供了优质服务,使一种光辉的人性永远地定格在人们的心中,更成为我们健康人学习的楷模。

"不积小流,无以成江海。"学习是一个长期积累的过程,更是充满艰辛的过程。我国著名数学家华罗庚的读书之路充满着无比的艰辛。华罗庚自幼家境贫寒,疾病缠身。18岁那年,他得了一场伤寒,医生做出无法医治的诊断。当所有人都为他惋惜的时候,他依靠坚强的意志奇迹般地活了下来,只不过从此腿部就落下了残疾。不过,华罗庚对肉体的痛苦并不在意。尽管腿部疼痛难忍,他还是咬着牙一声不吭,依然沉浸在数学王国里,忘却了所有不幸和伤痛。经过不懈努力,他的一篇重要数学论文终于得以发表。机遇终于开始对他垂青——清华大学数学教授熊庆来得知华罗庚的事迹以后,请他到清华大学工作,为他提供了更为广阔的舞台,他之后取得了无比辉煌的科学成就。华罗庚的成功,完全得益于他坚持不懈的学习。正是这种热爱学习、勤于钻研的习惯才使他走向了成功,成为著名的大数学家。

二、学而不思则罔

爱思考的人是最善于学习、最容易成功的人。知识好比播种,思考好比施肥,行动好比果实,播种快、肥料足、行动多,收获的也会丰硕。一个会思考的人,就一定能品尝到金秋果实带来的玉液琼浆,享受到丰收的喜悦。正如爱因斯坦所说:"学会独立思考和独立判断比收获知识更重要。不下决心培养思考习惯的人,便失去了生活的最大乐趣。"我们要培养善思的习惯,便能更好地认识世界,把握人生,为自己的未来铺一条光明大道。

学习有很多方式,最常规的是在校学习。这是一般人常用的学习方式,也是最利于学习的方式。因为,在学校里没有日常生活方面的种种杂事的干扰,可以安静地、全身心地、系统地进行多门基础课和专业知识的学习。不少已经参加工作的人经常这么说,读书的时光是多么美好,那种学习生活简直就像在世外桃源里赏花一样——条件舒适,环境恬静,老师解惑释难,同学互相帮助,共同提高,所以学业突飞猛进,时时能享受到成功的喜悦,那种感觉真是好惬意。而工作后,才知道知识储备仍显不足,想给自己充电却要克服重重困难,即使使出浑身解数也挤不出成块的学习时间。

二是自学。自学其实贯穿于人一生的时光里,在学校期间,把老师讲的内容逐项消化的有效措施就是自学,包括预习和复习,还包括阅读相关的参考书籍作为补充。参加工作后,自学成为学习知识的重要手段,因为此时的你已经没有时间和条件再去享受学校教育。成人的进步往往主要来自自学。自学的方法灵活、时间灵活,这使你的思路更灵活,更有利于对自己的学习做计划。

三是向人学。和同事、朋友交流是一种自觉或不自觉的行为，因为太常见，也许会有很多人没有意识到它的存在。在学生时代，可以与学习优秀的同学交流经验，向老师征求学习建议。在工作中，难免会出现技术上或方法上的问题，多向有经验的同事请教是一种提升业务能力、补充知识的好办法。要注意营造一种平等、愉快、坦诚的交流氛围。交流要建立在这样的基础上：对事业有共同的追求，思想境界基本合拍，工作中能共同促进，互提意见要推心置腹。通过交流，可以开阔自己的视野，调整自己的思路，拓展自己的知识面。

四是看中学。观察身边的人，观察发生在身边的事，观察社会的发展和进步，观察正反两方面的典型并总结成功的经验和失败的教训，为自己提供借鉴。在观察中思考，思考他人的得失，才能认识自身的不足，思考怎样才能把我想做的事办得最理想，思考达到完美的最佳途径，从观察和思考中不断提高自己的判断能力，提高自己辨别是非的能力，提高自己的竞争能力和生存能力。

五是听中学。每个人都有优点，他和你交谈，就有他的思路，你不要打断，要认真、郑重地让其发表自己的见解，从他的思路和表达中学习他的精髓，提取其精华，友善地指出其不足。对于不投缘的谈话内容可以一笑置之，但从倾听中你已经获得了你的所需，这是在生活、工作和学习中提高自己的重要手段之一。

总之，学习的途径多种多样，可谓丰富多彩，你要抱有求学之心，就可以从每一个生活的角落或工作学习的点滴当中获得学习的机会。

但是，很多时候人们宁可让岁月淹没在仿佛很有价值的忙碌之中，也极不情愿拿出时间进行思考，以至于思维总是在低水平的层次上徘徊，最终一无所获。

让我们看一则诺贝尔化学奖获得者卢瑟福的故事：

一天深夜，他偶然发现一位学生还在埋头实验，便好奇地问："上午你在干什么？"

学生回答："在做实验。"

"下午呢？"卢瑟福又问。

"做实验。"学生说。

卢瑟福不禁皱起了眉头，继续追问："那晚上呢？"

"也在做实验。"

卢瑟福大为恼火，厉声斥责："你一天到晚都在做实验，什么时间用于思考呢？"

三、取长补短

水桶理论指出：一只水桶盛水的多少，并不取决于桶壁上最长的那块木板，而恰恰取决于桶壁上最短的那块。这块最短的木板就是指我们的某种不足。所以，要想人生达到一定高度的话，就得从加长这些短板入手。

所谓"金无足赤，人无完人"，是说人这一生中任何事情都不可能做得十全十美。但是，人绝不可以用这句话来原谅自己的不足，而应找出自己不完美的一面，也就是所谓的短板。然后，再努力地去完善它。因为，短板在一开始就决定了你的发展极限。

每个人都会有一些不足，应该实事求是地承认和辩证地看待。一个人的价值主要还是体现在他长处的发挥上。充分利用自己的长处，同时避免短板的负面作用是必须要做的。对于个人的不足、缺点、短处，不能视而不见，要勇敢地去面对它，解决它。解决短板问题，有一个好办法。首先是发现短板，通过朋友家人的评价、自己学习实践的检测，或者个人横向和纵向的比较，是最能发现短板的方式。然后就是分析短板。自己是最了解自己弱点和短处的，对于那些致命的弱点，就要毫不手软地砍掉它，当然，这是一个长期痛苦的坚持过程，很大程度上与习惯有关。

四、学中做，做中学

德国哲学家黑格尔说过："只有那些永远躺在坑里从不仰望高空的人，才不会掉进坑里。"这告诉我们在生活中要多实践。只有经过实践，才能知道事情是成功的还是失败的，才能知道理论的真实性与可靠性。实践是检验真理的唯一标准，只有经过实践，才最有发言权。因为实践过后，才知道对与错、是与非、真与假。

学习的最终目的是将知识运用到实际生活中去。这样才能发挥知识的力量，让所学的知识和技能为生活服务，为前途服务，为理想服务。

学习和实践的关系是水乳交融不可分割的，学习可以避免不必要的重复实践，用已有的知识在实践中学得更多的知识。用学到的知识来指导实践，同时，又从实践中源源不断地获取经验，形成理论，为下一步的行动做好铺垫。

英国物理学家、化学家波义耳平素非常喜爱鲜花，他在自己的房间里摆上几个花瓶，让园丁每天送些鲜花来以便观赏。一天，园丁送来几束紫罗兰，正准备去实验室的波义耳立即被那艳丽的花色和扑鼻的芳香吸引住了。他随手拿起一束紫罗兰，边欣赏边进了实验室，他把紫罗兰往桌上一放，就开始了化学实验。就在他向烧瓶中倾倒盐酸时，一不小心将酸液溅出了少许，而这酸液又恰巧滴到了紫罗兰的花瓣上，波义耳立即将紫罗兰拿到水中去冲洗，谁知却发生了一个意想不到的现象，紫罗兰转眼间变成了"红罗兰"，这令人惊奇的发现立即触动了科学家那根敏锐的神经："盐酸能使紫罗兰变红，其他的酸能不能使它变红呢？"当即，波义耳就和他的助手分别用不同的酸液实验起来。实验结果是酸的溶液都可使紫罗兰变成红色。酸能使紫罗兰变红，那么碱能否使它变色呢？变成什么颜色呢？紫罗兰能变色，那么其他花能不能变色呢？由鲜花制取的浸出液，其变色效果是不是更好呢？经过波义耳一连串的思考与实验，很快证明了许多种植物花的浸出液都有遇到酸碱变色的性质，波义耳和助手们搜集并制取了多种植物、地衣、树皮的浸出液。实验表明，变色效果最明显的要数地衣类植物石蕊的浸出液，它遇酸变红色，遇碱变蓝色。自那时起，石蕊试液就被作为酸碱指示剂正式确定下来了。

时代在进步，社会在发展，而随之而来的竞争也非常严峻地摆在了我们面前，现代社会所需要的已经不再是单纯的知识型人才。时代赋予人才新的定义：不仅能够驾驭新科技，具有创新意识，更要有将科技应用于实践的能力。

没有人类的各种实践行为，就没有今天各种丰富的理论知识。我们今天所学到的知识都是根据前人的经验总结出来的。同时，凡是在理论上有所建树的人，都是伟大的实践家。

化学家诺贝尔在发明炸药的时候，经历了无数次的实验，才取得成功。他多次把自己的家当作实验基地，炸死或炸伤了他的亲人，甚至还炸伤过自己。真是天道酬勤，他终于研制成功了炸药。所以说，仰望高空的人，才可能掉进坑里；从不仰望高空的人，永远不会掉进坑里，也永远不会知道高空。

个人要想提升自己的能力，有很多种方法，但实践无疑是最有效的方法之一。提升自己其实也是一种创新，一种对知识和实践的双向创新。人的创新能力不是生来就有的，虽然这种能力有一部分取决于先天性，但很大程度上还是取决于知识积累、社会实践的积累过程。

人在知识方面取得的成功不能算是真正的成功，只有将所学的知识运用到实践中，并取得成绩，这才是最终的成功。

五、欲速则不达

有了理想就要积极地去实现它。由于每个人的性格不同，对于实现理想的安排也各异。心急的人，难免急功近利，恨不得在很短的时间内达到目标，殊不知，理想是长期奋斗的结果。它得要用无数的知识、经验和实践来完成，正像俗话所说的那样——心急吃不了热豆腐。理想好比是一件工艺品，慢工出细活，也得要经过设计、制订计划、打磨、修改、再打磨、再修改，如此反复直到完美为止。所以，在追求学习目标的道路上，切不可贪图短、平、快，要做好长期规划，实施好每个环节，这才是最重要的。

学习要循序渐进。学问的形成，不是一朝一夕能成功的。人切不可贪功近利，急于求成，越想快速达到目标，目标越是渐行渐远。现在，很多年轻人在学习上缺乏专心和恒心，今天想做这，明天想做那，特别是一时难见成效的事情，放弃得尤为快速和果断，很难坚持下来，也做不到潜心钻研、全心学习，变得越来越浮躁，急功近利，见异思迁。

王安石那篇《伤仲永》里的神童方仲永便是学习上急功近利的生动例子。方仲永五岁能诗，得到了全乡秀才的赞赏。有的人请他父子做客，还有的人用钱求仲永题诗。他的父亲不是去认真培养孩子，而是认为这样有利可图，于是每天带着仲永四处拜访同县的人，不让仲永学习。结果到十二三岁的时候，他作的诗已经不能与从前的名声相称了。又过了几年，仲永完全如同常人了。这都是仲永的父亲急功近利的结果。

学习是人青年时期的主要目标，可以说是人实现理想过程中的关键，也是极其重要的目标。凡是目标，都是不能一步到位的，还要在行动之前做好周密的计划。

学习计划就是在某个时间段采取什么方法或是行动来达到学习目标的一个进程表。有计划地学习，学生自己能明确什么时间做什么事，短时间内就能达到一个小目标，长时间内能达到一个大目标。

有了明确的计划后，就可以有条不紊地进行学习安排。在一定的时间内，对照学习计划来检查自己的学习进度，可以明确自己学习方法的优缺点，做到优点继续发扬，缺点努力改进，让学习一直处于上升趋势。

有意识地按学习计划学习，久而久之，便会养成良好的学习习惯。习惯养成后，就有利于锻炼克服惰性、克服困难的精神，无论碰到什么困难都能按计划完成学习，达到规定的学习目标。

这种有条理地学习、休息的方式养成习惯后，就会对生活中的小事做到有计划的安排。另外，在制订学习计划时要注意周密性，即目标的明确性、可行性和具体性。

明确性是指计划的学习目标要便于对照和检查，可行性是指对于学习目标的度的把握，具体性是指目标便于实现。

学习方法有哪些？

 课后延伸

每一位同学说说自己的学习方法，将可取的实用性较强的学习方法整理出来，选择几种适合自己的学习方法，并付诸实践。

 经典传诵

天下之难事，必作于易；天下之大事，必作于细。

【出处】：老子《道德经·第六十三章》

【释义】：谋求解决难题的方法，要从容易之处开始；成就大事的行动，要从细微之处起步。

【解读】：难与易的取舍，大与小的权衡，充满了执两用中的辩证思维。这是一种凡事从细处着手，把小事当作大事干的方法。

第三章

兴趣是起点　潜力也要挖

中国著名音乐人高晓松说："生活不止眼前的苟且，还有诗和远方。"充实而有意义的人生，不能没有良好的兴趣和爱好，不能没有一些诗意的追求，一些休闲的享受。

课堂导读

议一议，你的兴趣爱好是什么？

第一节　培养良好的兴趣和爱好，人生因此而不同

兴趣爱好不只是"消遣"，更是发掘潜能的助力器。良好的兴趣爱好，不仅能让我们的生活品位得到全面的提升，同时还可以全面发掘自身的潜能，发掘新的特长，让自己变得更加完美而自信，甚至因此而走向与之前完全不同的人生之路。

黄瑞勇现在是上海金融学院融理当代金银币文化研究所所长、教授，被誉为新中国贵金属币"传教士"，而之前，他曾是IT业的外企高管。他自己笑言，完全是因为爱好，改变了自己的人生。

当时，他在京沪穗等地干了十多年IT业，积累了许多社会资源，也逐渐熟悉了金融业的规则，工作做得顺风顺水，也早已实现了"财务自由"。因而，他的业余爱好——"收藏"，也就有了更多的时间、精力和财力来经营。

没想到的是，这个爱好充分地发掘出了他以前从不知道的潜能，原来自己对收藏还有如此之深的体会，如此之灵敏的领悟！从收藏品中，他能看出文化的脉络、技法的走向，还能深度挖掘收藏品背后的故事，让他的收藏独树一帜。他不仅看到了国内收藏的前景，还从国外收藏体系中发现了国内收藏的发展脉络。于是他果断把自己的爱好变成了职业，跳出IT业，自己创业，并专门研究钱币，且"一专多能"，对其他收藏也广泛涉猎。没几年，他已经成为国内收藏界的大腕。

培养兴趣爱好的好处有以下6个：

一、扩大自己的社交半径

爱好的培养会使自己的交际圈扩大，会因为同样的爱好而遇见那些优秀的人。如果在现实中很难找，可以直接在网络上搜索自己的同好者，通过QQ群、微信群或相应的组织或团

体的论坛等，就能轻松找到自己的同好群体，比如"徒游队""创意写作团""漫友会"等。

二、爱好让你学会更好地把握时间

学习、工作很忙，事情很多，稍稍懈怠，就会焦头烂额，这是大多数人的现状。在这样忙碌的背景下还要不丢掉自己的兴趣爱好，不管理好时间是不行的。但如果你真正喜欢，你就会想尽一切办法挤出时间来做你想做的事情。

三、良好的兴趣爱好更有利于身体健康

良好的兴趣爱好，可以愉悦人的性情，为健康带来积极的影响。特别是对于有健身爱好的人来说，长期坚持锻炼会让你的身体素质超过其他人。身体健康永远是做好一切事情的前提和基础，有良好的身体，做其他的工作也就会更得心应手，更轻松简单。

四、兴趣爱好会大大激发你的创造力

主动培养自己的爱好是锻炼自己创造力最好的办法。有报道称摄影和缝纫这类创造性的爱好能提高工作中的表现。不管什么爱好，让你的大脑中除了工作之外还有另一种活动，无疑会拓宽思考问题的思路和看待生活的视野。

五、兴趣爱好会让你更清楚什么对自己更重要

通过探索各种爱好，你会从不同的角度了解自己。比如，也许你打篮球时，会享受自己带领队伍获胜的喜悦，这种经历会帮助你发觉自己的领导能力。当你尝试不同种类的爱好时，你同时也会发现自己不擅长的地方。比如，你也许不喜欢数码摄像的技术部分，这种经历会提醒你在工作中避免触碰与技术相关的事宜。

六、好的兴趣爱好会提升一个人的自律力

培养兴趣爱好，最重要的是坚持，所以需要自我监督。没人会每天监督你，催促你坚持你的爱好。一切都需要自己负责，去买该买的器材，去读该读的书，去锻炼该锻炼的技能，这样就会很好地提升自己的自律能力。学习、工作中，高度的自律是非常有价值的，它意味着你能积极地扩展你的业务。

所以，良好的兴趣爱好不仅仅是"消遣"，也绝非仅仅打发无聊时光的闲事，而是激发我们的潜能，使我们更优秀、更完美的利器。

 **课堂思考**

为什么要培养兴趣爱好？

第二节　寻找可行的方法　培养最适合自己的兴趣和爱好

像做任何事情一样，培养良好的兴趣和爱好也需要一定的方法。所谓"萝卜青菜，各有所爱"，每个人都有自己不同的喜好。如何激发出自己内心的热情，找到自己最喜欢又最适合自己的兴趣和爱好，对于丰富自己的生活，提升自己的幸福指数，相当重要。所以，要定位好自己的爱好是什么，然后去培养适合自己的兴趣。

那么如何寻找兴趣和激情呢？

寻找自己的兴趣，要把兴趣和才华分开。做自己有才华的事容易出成果，但不要因为自己做得好就认为那就是你的兴趣所在。为了找到真正的兴趣和激情，你可以问自己：对于某件事，你是否十分渴望重复它，是否能愉快地、成功地完成它？你过去是不是一直向往它？是否总能很快地学习它？它是否总能让你满足？你是否由衷地从心里喜爱它？你的人生中最快乐的事情是不是和它有关？当你这样问自己时，注意不要把你父母的期望、社会的价值观和朋友的影响融入你的答案。

如果你能明确回答上述问题，则已经找到自己的兴趣所在了。

要培养自己的兴趣，定位自己的爱好，还需要我们在平常的生活中重视对于兴趣和爱好的挖掘，例如，有人兴趣广泛而不集中，就应加强中心兴趣的培养；有人兴趣单一而不广泛，就应加强兴趣广泛性的培养；有人兴趣短暂易变，就应加强兴趣稳定性的培养；有人兴趣消极被动，就应加强兴趣效能性的培养；有人兴趣在网络世界，容易沉迷，那么就要学会自律，而不至于让自己沉沦进去。

对于一件事情，首先要去体验，不要先入为主地认为自己对这件事情不感兴趣，要注意观察每一个可能让自己感兴趣的细节，去体验这件事情带给你的感受。要扩大自己的活动范围，不只去做自己感兴趣的事，而要充满兴趣地去做一切可能做的事情。积极地参与，从心理上亲近，以一种好奇的眼光看待这件事情，会让你兴趣大增，甚至爱上这些事。

其次，投入是对一件事情产生兴趣的重要推力。许多人对一件事没有兴趣，主要是没有真正投入进去，心中没有热情，做起来也不积极认真。如果认真对待，投入进去，把一件事情做好、做出成绩，这种成就感会大大刺激你对它的兴趣。而兴趣又会促使你更加认真地去做，从而取得更好的成绩，形成良性循环，互相促进，兴趣也会越来越浓，这件事成为你的爱好也就理所当然了。

培养兴趣爱好的方法是什么？

第三节　尝试多种兴趣，丰富大学生活

培养兴趣爱好，对于我们的成长，以及对于我们的业余生活来说其实都是能够起到一个丰富自己的作用。兴趣爱好的种类很多，我们可以依据自己的喜好去选择。

一、叫醒你的"艺术细胞"，多点艺术爱好

（一）想唱就唱，唱得响亮

当前唱歌绝对是超热门的技艺，也是不少年轻人心目最执着的梦想。这不仅是因为音乐能让人放松身心，自由宣泄，还能成为求生的技能，甚至一举成为众人仰视的明星，例如周杰伦、李宇春等。

唱歌不分男女老少，只要你喜欢，就可以放声高唱。由一个人来演唱就是独唱，每一个声部都由不同的人来唱就是重唱，由一组或两组演唱人员唱一首歌的不同声部的演唱叫合唱，当然还有对唱、联唱等各种形式。

无论什么形式的歌唱表演都是需要一些技巧的：

首先要对自己的情况有所了解。音准和对音乐的感觉因人而异，不过即使是五音不全者，只要不是差得太多，都是可以放声歌唱的。

其次，知道自己的嗓音特色。经常听到这样的形容："某某人天生一副好嗓子或是某某人一副破锣嗓子。"其实这不是唱歌的关键。音域对于演唱也是一个比较重要的方面。这方面是一个循序渐进的过程，不必着急，只要方法得当，假以时日都会有所提高。

最后，选择适合自己的歌曲。根据上面所说的内容，可以结合自己当前的实际情况来选择适合自己音色、音域的歌曲。

（二）练练书法，陶冶情操

中国书法是世界上最美的艺术之一。中国书法脱胎于汉字，其美是线的美、力的美、光的美、结构之美、力度之美、个性之美。汉字和书法，互为表里，相辅相成，相得益彰。

书法是以汉字为基础，通过点画运动来表现一定情感、意蕴的艺术。它的艺术语言包括：用笔、用墨、结构、章法。

用笔——指行笔的方式、方法，如运笔中的刚柔、急缓、轻重、提按等。

用墨——指墨的着色程度及变化，如浓淡、枯润等，用笔用墨结合，以笔取气，以墨取韵。

结构——指字的间架结构、经营位置。

章法——指书法作品的整体布局，章法也称作"布白"。

书法艺术按字体的不同分为楷书、行书、草书等类型。不同的字体也可以欣赏到不同的美。欣赏书法，就要学会欣赏书法之美，体味每一种字体甚至每一个书法家内在的那种美。主要从以下几个方面来欣赏：

1. 观神采

所谓神采是指作品所显现的一种精神气韵。从艺术家的创作看，章法是一种"心画"，作品是精神的物化。从欣赏者的角度看，对作品的接受往往是一种感悟，即心领神会。

2. 见个性

杰出的书法家都有自己独特的个性，即所谓字如其人。不同的书法体现出不同的人格、个性、喜好、特点。杰出的书法作品不仅有鲜明的个性，而且带有时代的特征。书法的风格是随时代而变化的，艺术风格的演变，体现了各个时代的审美理想和审美趣味。

3. 区别书体

不同的书体有不同的美，这在欣赏的时候体会是不一样的。

楷书之美。楷书又叫真书、正书。楷书代表人物当数楷书四大家欧阳询、颜真卿、柳公权、赵孟頫，代表作分别为《九成宫醴泉铭》《多宝塔碑》《玄秘塔碑》《胆巴碑》。

隶书之美。隶书代表人物有蔡邕，书有《熹平石经》。隶书是汉朝通行的字体，代表帖有《曹全碑》《张迁碑》《乙瑛碑》等。

行书之美。行书代表人物当数"书圣"王羲之，其《兰亭集序》被誉为"天下第一行书"，此外颜真卿的《祭侄帖》，苏东坡的《寒食帖》分别被称为天下第二、第三行书。王羲之的儿子王献之被称为"亚圣"，二人合称为"二王"，此外还有"苏（东坡）、黄（庭坚）、米（芾）、蔡（襄）"为宋四家，以及赵孟頫、唐伯虎、文徵明、祝允明等著名书法家。

草书之美。草书之美，美在狂放、美在自在，美在无所不能、无所不包。草书代表人物有张芝、张旭、怀素、智永、孙过庭、祝允明等人，代表帖有《平复帖》等。

篆书之美。篆书的代表人物李斯，是秦国的丞相，也是小篆的鼻祖。所书的刻石多已毁灭，存世的原石仅两块。现存于西安碑林的《峄山碑》系宋代摹刻。

临摹是学习书法最基本的方法，不但初学书法要临摹，就是有了一定的基础之后还需要临摹。学楷书需要临摹，学篆、隶、行、仍需要临摹。书法家的一生都是在临摹中度过的，在临摹中学习，在临摹中思考，在临摹中创造。

摹帖，就是用薄纸蒙在字帖上面，然后笔随影走，按照显露出来的字迹写，又叫"仿影"或"拓写"。摹还有一种方法叫"描红"，即在印有双钩红线的字上去填写。

摹帖的方法。第一步先描红。即从一本帖中选出清楚、完整的字，用透明而不透墨的薄纸，如打字纸、有光纸、描图纸等蒙在帖上，依着字的轮廓，用极细的线条钩成空心字，这叫"双钩"。然后把钩好的字作为描红本，用红墨水填写。再用蓝墨水填写，最后用墨汁填写，这样写不但能加深记忆，而且节约纸张。

摹帖应注意笔随帖走，切勿失形，要看准笔画的来龙去脉，揣摩它的笔法和结构形态。帖要带有"写"意，将笔画一笔写成，饱满而精到，切勿依葫芦画瓢地填描涂抹。

临帖，即在摹帖的基础上，对帖字的用笔、结构字的规律有了基本认识之后，对着帖写。临帖有对临、格临和背临三种方法。

对临，即把字帖放在对面的帖架上照着写。这是最方便，最常用的临帖方法。

格临，即用透明纸打好格子（田字格、米字格、九宫格等）照式临写。主要用以掌握帖字的结构形态。

背临，即把帖收起，凭记忆默写帖中的字，不但求其形，更要求其神。背临之后可以集字为联或集字成篇，然后进入创作阶段。

（三）尽兴而舞，舞出风采

舞蹈，是人类原始的基础活动之一。在舜的时代，我们的先人已知道跳舞可以舒筋壮骨、强壮身体了，后来有些舞蹈便逐渐发展成为锻炼身体的体育疗法。随着人类文明的进步，舞蹈在社会娱乐和交往中的作用更加明显，成为一项受青睐的文体活动。不仅如此，舞蹈也是健美健身、怡情怡性的好方式。

舞蹈是趣味性很强的活动，优美的旋律、连贯的动作、明快的节奏，让人的精力集中和专一，使人完全沉浸在自己的世界里，尽情品味和体会人生的乐趣。在舞蹈当中，连贯的动作节奏很快，一整套动作连贯而流畅，整齐而有韵律感，对乐感、灵巧度的锻炼很有帮助。舞蹈时，心理的压力、身体的疲劳都会一扫而光。

舞蹈又是一种极具表现力的运动，跳舞既能从心理上达到自我满足，又能不断克服一些人胆怯、恐惧的心理，培育自己的自信心和气质。舞蹈的健身动作爆发力强，对人体体能潜力开发性强，因为舞蹈多以绕环小关节的运动为主，因此能较好地改善练习者的协调能力。

世界上舞蹈的种类繁多但各个国家和地区都有本地区喜闻乐见的舞蹈。其中，校园中普遍接受和喜爱的舞蹈当属交谊舞、集体舞等。

1. 交谊舞

交谊舞是一种文明、礼节性的活动，讲究衣着打扮，讲究舞姿优美。因此，跳交谊舞更多的是对性情的陶冶、对修养的培养。参加交谊舞会时，男士的衣装宜庄重整洁，举止应大方。女士的衣装宜明快典雅，不宜浓妆艳抹。起舞时，男士应主动走到女士面前，可行半鞠躬礼，并轻声说："请您跳舞。"女方要点头表示同意，然后由男方陪同并肩步入舞池。

2. 集体舞

这是一种颇似健美操的舞蹈，无论男女老少都排成一个方阵。在欢快的节奏中轻移脚步，时而击掌，时而高呼。大家的步调协调一致，相互督促，增加了健身的兴趣和效果。

各种舞蹈在跳法上有快、慢、繁、简之分，在活动幅度上也大小不同，在时间上有长有短，可根据自己的身体实际情况来选择。

（四）学习下棋，道悟人生

下棋是许多人都非常喜欢的休闲娱乐方式，也是历史悠久、源远流长的生活乐趣。中国古代四大艺术就是"琴棋书画"。传说早在远古尧舜时期，棋就已经成为人们娱乐益智的工具。

古代的棋一般指围棋。围棋还有很多别称，最早称为"弈"。东汉的许慎在《说文解字》中说："弈，围棋也。从丌、亦声。"丌的古文字为两人举手握棋对局的象形。弈即围棋，还可以在《论语》《左传》中发现，《孟子》中也提到过。

在棋类中，一般来说围棋复杂一些，难一些，会下的人可能也会少一些，因为围棋一直被认为是世界上最复杂的游戏之一。但要入门还是很简单的。围棋棋子分黑白两色，多为扁圆形（也有双面凸起的应氏棋子）。棋子的数量一般是黑子181、白子180个。围棋的棋盘更简单，盘面有纵横各19条等距离、垂直交叉的平行线，共构成 $19 \times 19 = 361$ 个交叉点（简称为"点"）。在盘面上标有几个小圆点，称为星位，共9个星位，中央的星位又称"天元"。下让子棋时所让之子要放在星上。棋盘可分为"角""边"以及"中腹"。同时，13×13、9×9 的棋盘也较为普遍，另外还有一些是较见的 15×15、17×17 的棋盘。下棋时，双方在棋盘网格的交叉点上交替放置黑色和白色的棋子。落子完毕后，棋子不能被移动。对弈过程中围地吃子，以所围"地"的大小决定胜负。

象棋，历史悠久，普及率高。象棋是由两人轮流走子，以"将死"或"困毙"对方将

（帅）为胜的一种棋类运动。对局时，由执红棋的一方先走，双方轮流各走一着，直至分出胜、负、和，对局即终。轮到走棋的一方，要将某个棋子从一个交叉点走到另一个交叉点，或者吃掉对方的棋子而占领其交叉点，都算走一着。双方各走一着，称为一个回合。当对方的将（帅）无处可走的时候，对方就输了，胜负既分，一局结束。当双方都无法困死对方的将（帅）时，则为和棋，一局也结束。记住象棋走棋的规则，基本上就会走了。

中国象棋走棋口诀

将帅国中横竖走，被吃便成输棋手；
士在两旁斜线走，保护将帅不远走；
相象田间对角走，田中有子不得走；
小马日字对角走，直前有子不得走；
老车横竖任你走，遇谁吃谁称勇首；
大炮横竖也任走，隔子方能吃对手；
兵卒只能往前走，过河方能左右走。
各子路上遇对手，吃时要防对手走；
吃人将帅喊将军，输棋不气是好手。

除了围棋和中国象棋，棋类还有国际象棋、五子棋、陆战棋、跳棋等多种。

二、生命在于运动 让运动成为乐趣

（一）在慢跑中赏风景，健身又有趣

跑步是一项极普通廉价的体育运动，特别是慢跑，被誉为"有氧代谢运动之王"。慢跑运动看似简单，却能增强心肺功能，加速脂肪消耗达到快速减肥目标。

慢跑，亦称为缓步、缓跑，以缓慢或中等的节奏来跑完一段相对较长的距离，以达到热身或锻炼的目的。通过慢跑，能够达到锻炼心脏和全身的作用。具体来说，慢跑有以下这些好处：

延年益寿：近年来，慢跑在很多国家日渐风行，根据统计，有慢跑习惯者的平均寿命比无慢跑习惯者要长。

调节身心：慢跑是在一种相对比较平和的心理状态下进行的运动，可以释放工作带来的压力，从而有更好的精力和心理状态迎接新的挑战。

加大肺活量：研究表明，进行轻松的慢跑运动，能增强呼吸功能，可使人的肺活量增加，提高人体通气和换气能力。慢跑时，供给人的氧气较静坐时多8～12倍。氧气对维持人体生命活动是必不可少的，吸氧的能力大小又直接影响到心肺功能。慢跑可使心肌增强、增厚，具有锻炼心脏、保护心脏的作用。

娱脑娱心：在慢跑的过程中可以边跑边赏沿路的风景，让人心旷神怡。特别是清晨慢跑，嗅着土地的芳香、迎着湖面的微风，欣赏着沿途的风景，令人感到非常惬意。

（二）小球运动，享受乐趣

小球，顾名思义是指一些体积较小的球类运动，像乒乓球、羽毛球、网球、手球、曲棍球、棒球、垒球、高尔夫、保龄球、地掷球、台球、藤球、橄榄球等项目。小球更加灵活、小巧，对场地、素质和技能的要求更少，更容易上手，易学易会易比赛，所以更受业余爱好者欢迎。

1. 乒乓球

乒乓球，这是我国的国球，但它却起源于英国。欧洲人至今把乒乓球称为"桌上的网球"。19世纪末，欧洲盛行网球运动，但由于受到场地和天气的限制，英国有些大学生便把网球移到室内，以餐桌为球台，书作球网，用羊皮纸做球拍，在餐桌上打来打去。后来由于打球时在桌子上发出乒乒乓乓的声音，就被称为乒乓球。乒乓球运动于1904年前后传入我国，之后大受欢迎，且成为我国最擅长、爱好人数最多的一种球类运动。这是一项集体力、技巧、智力、意志为一体的体育运动。

打乒乓球不仅能全面锻炼人的身体，还能调节人的情绪，使人心情愉快，性格开朗大方，提高思维能力，促进智力发展。

2. 羽毛球

要说新鲜的运动，羽毛球绝对排不上号，但要论大众皆宜的运动却非它莫属，小小的羽毛球竟充满了简单的时尚感。从健康的角度来讲，它能帮助人们增加关节的灵活性和身体的协调性。尤其对于那些瘦身男女，20分钟有张有弛的一场羽毛球所消耗的卡路里绝对不亚于1小时的健身操。

要打好羽毛球，必须做到以下几点：一要热爱，几天不打手要发痒；二要用心领会动作、尽量规范；三要刻苦训练，不怕枯燥；四要加强力量，特别是腕部和下肢的力量；五要多与高手切磋，"不要计较输赢，不怕满地找牙"；六要打球多用脑，打完多思考。

除了乒乓球、羽毛球等小球，适合我们练习的还有手球、曲棍球、棒球、垒球、高尔夫、保龄球、地掷球、台球、藤球、橄榄球等，只要喜欢也可以学习练习，既能锻炼身体，又能交到朋友、快乐心情，实在是很好的运动。

（三）集体运动，体验追逐

像足球、篮球、排球、健身舞、啦啦操等，都是集体运动。这些运动都需要一定的队伍来开展，比赛性很强，竞争激烈。对于喜欢集体运动、热爱激烈运动的人来说，是非常合适的运动项目。所以，不妨定期参与到这些集体运动中去，体验团队合作和竞争的快感。

像篮球和足球运动，对战激烈，运动量极大，属于激情四射的运动项目，一场激烈的球赛绝对能让观众们热血沸腾地感受足球的激烈紧张，让自己畅快淋漓地享受角逐的快感。世界杯、欧洲杯等赛事绝对可以把全世界球迷的热情都点燃。

球类比赛运动，运动员的精神状态是非常紧张的，需要迅速地判断场上情况，掌握合适的时机等。同时在瞬息万变的比赛场上，要能清楚地看清对方和我方队员的位置、距离、运动方向和速度；要精确判断球的距离、方向和速度等，都必须有视觉参加。所以，经常从事球类运动的人，运动感觉和视觉的机能会大大提高。在一场球赛中，运动员几乎经常在进行着奔跑、跳跃等激烈的肌肉活动。久而久之，随着训练水平的提高，肌肉会变得更加结实有力。

此外，篮球和足球运动还有着陶冶性情、益智强身的功效。在激烈争夺的球场上，集体的荣誉感，会使运动员忘记个人的一切。你会深深知道，个人的一举一动，都关系着全队的胜负，任何的私心杂念，越轨行为，都将暴露在众目睽睽之下，遭到道义上的谴责。因此，球类比赛运动有助于培养人的组织性、纪律性和集体主义精神，更能体现团队合作精神。

所以，多参与一些类似的竞技体育和集体活动，大家一起上场比赛，一定可以体会到远胜于一个人运动的乐趣和快感。

课堂思考

你的兴趣爱好有哪些？

课后延伸

测一测：你适合把什么当作业余爱好？

以下是一个兴趣测试，可以测试一下自己的兴趣倾向，并着力培养相关兴趣和爱好。将每组题目中选"是"的次数相加，写入每组"总计次数"旁边的括号里。

第一组

1. 你喜欢自己动手修理收音机、自行车、缝纫机、钟表、开关类器具吗？
   是　　　否
2. 你对自己家里使用的电扇、电熨斗、缝纫机等器具的质量和性能了解吗？
   是　　　否
3. 你喜欢动手做小型的模型（诸如滑翔机、汽车、轮船、建筑模型等）吗？
   是　　　否

总计次数（　　）

第二组

1. 你喜欢给别人买东西当顾问吗？
   是　　　否
2. 你热衷于参加集体活动吗？
   是　　　否
3. 你喜欢接触不同类型的人吗？
   是　　　否

总计次数（　　）

第三组

1. 你喜欢没有干扰、有规则地从事日常工作吗？
   是　　　否
2. 你喜欢对任何事情都预先做周密的安排吗？
   是　　　否
3. 你善于查阅字典、词典和资料索引吗？
   是　　　否

总计次数（　　）

第四组

1. 你喜欢倾听别人的难处并乐于帮助别人解决困难吗？
   是　　　否

2. 你愿意为残疾人服务吗?
　　是　　　否
3. 在日常生活中,你愿意给人们提供帮助吗?
　　是　　　否

总计次数（　　）

第五组
1. 你喜欢主持班级集体活动吗?
　　是　　　否
2. 你喜欢接触领导和老师吗?
　　是　　　否
3. 你喜欢在人多时当众发表自己的观点和意见吗?
　　是　　　否

总计次数（　　）

第六组
1. 你特别爱读文学著作中对人物内心世界的细致描写吗?
　　是　　　否
2. 你喜欢听人们谈论他们的活动和想法吗?
　　是　　　否
3. 你喜欢观察和研究人的心理和行为吗?
　　是　　　否

总计次数（　　）

第七组
1. 你喜欢参观技术展览会或收听（收看）有关技术方面新消息的节目吗?
　　是　　　否
2. 你喜欢阅读科技杂志（诸如《我们爱科学》《科学24小时》《科学动态》）吗?
　　是　　　否
3. 你想了解大自然的奥秘吗?
　　是　　　否

总计次数（　　）

第八组
1. 你想设计一种新的发型或服装吗?
　　是　　　否
2. 你喜欢创作画吗?
　　是　　　否
3. 你尝试着写过小说或剧本吗?
　　是　　　否

总计次数（　　）

第九组
1. 你喜欢操作机器吗?
　　是　　　否

2. 你很羡慕机械类工程师的工作吗？
   是　　　　否
3. 你想了解机器的构造和工作性能吗？
   是　　　　否

总计次数（　　）

第十组

1. 你喜欢从事具体的工作吗？
   是　　　　否
2. 你喜欢做很快就看到产品的工作吗？
   是　　　　否
3. 你喜欢做让别人看到效果的工作吗？
   是　　　　否

总计次数（　　）

通过上述训练，找出你的兴趣类型，每组题对应一个兴趣类型，如"第一组"对应"兴趣类型1。在答"是"的总计次数一栏中，得分越高，相应的兴趣类型就越符合你的职业兴趣特点。

兴趣解读：

兴趣类型1——愿与事物打交道。

这类人喜欢同事物打交道，比如工具、器具或数字，而不喜欢从事与人和动物打交道的职业。业余爱好可以选择画画、写作、读书、设计、手工等。

兴趣类型2——愿与人接触。

这类人喜欢与他人接触的工作，他们喜欢销售、采访、传递信息类的活动。相应的兴趣爱好有社交、主持、做义工、歌唱、表演等。

兴趣类型3——喜欢有规律的事情。

这类人喜欢常规的、有规律的活动，在预先安排好的条件下做细致的工作。相应的兴趣有体育运动、舞蹈、唱歌等。

兴趣类型4——喜欢从事社会福利和助人的工作。

这类人乐意帮助别人，试图改善他人的状况，喜欢独自与人接触。

相应的爱好可以是下棋、打牌、做义工、做公益、心理辅导等。

兴趣类型5——喜欢领导和组织工作。

这类人喜欢管理工作，爱好掌握一些事情，他们在企事业单位中起着重要的作用。相应的爱好有花艺、茶艺、组织公益活动、适合自己的体育运动等。

兴趣类型6——喜欢研究人的行为。

这类人喜欢谈论涉及人的主题，他们爱研究人的行为举止和心理活动。相应的兴趣可以是写作、研究、组织活动等。

兴趣类型7——喜欢从事科学技术事业。

这类人喜欢分析、推理、测试的活动，擅长理论分析，喜欢独立解决问题，也喜欢通过实验获得新发现。可以培养侦查、研究和写作等兴趣。

兴趣类型8——喜欢从事抽象性和创造性的工作。

这类人喜欢需要有想象力和创造力的工作，爱创造新的式样和概念。相应的兴趣有表演、设计、动漫、画画、影视创作等。

兴趣类型9——喜欢做操纵机器的技术工作。

这些人喜欢动用一定的技术，操纵各种机械，制造产品或完成其他任务。相应的爱好有手工、陶艺、美术等。

兴趣类型10——喜欢从事具体的工作。

这类人喜欢制作看得见、摸得着的产品，希望很快看到自己的劳动成果，他们从完成的产品中得到自我满足。相应的爱好有厨艺、花艺装饰、设计等。

经典传诵

兴在趣方逸，欢馀情未终。

【出处】：唐·李白《秋夜宿龙门香山寺奉寄王方城十七丈奉国莹上从弟幼成令问》

【释义】：兴致高做事才能乐趣满满，开心之后热爱之情还在。

【解读】：对学习和生活都抱有极大的热情，而这种热情源自兴趣，因为兴趣是最好的老师。

第四章

把时间当作朋友

时间是最珍贵、最稀有的资源,对于这种资源人们要有计划、有目的地分配使用和管理,从而进行高效能的富有创造性的劳动。然而,当今大学生的时间管理现状令人担忧,普遍存在着显性和隐性时间浪费的不良习惯。因此,应加强大学生对时间的自我管理,充分发挥教师和教育行政部门的作用来促进大学生进行高效的时间管理。

 课堂导读

小测试:
你是否能合理安排时间?
1. 约会迟到让我心烦。
   A. 很少   B. 有时   C. 经常
2. 哪天忘记戴表,我就会不知所措。
   A. 很少   B. 有时   C. 经常
3. 很难空着两手什么事也不做。
   A. 很少   B. 有时   C. 经常
4. 等人让我心烦。
   A. 很少   B. 有时   C. 经常
5. 推迟完成任务使我不安。
   A. 很少   B. 有时   C. 经常
6. 我把要做的事列成一览表。
   A. 很少   B. 有时   C. 经常
7. 我约会守时,不超过截止日期,和他人共事尽职尽责。
   A. 很少   B. 有时   C. 经常
8. 我喜欢在短时间内做许多事。
   A. 很少   B. 有时   C. 经常
9. 我有几个小时的空闲时间,就会想怎么最有效地利用这段时间。
   A. 很少   B. 有时   C. 经常
10. 如果要等较长时间,我就会利用这段时间工作或读书。
    A. 很少   B. 有时   C. 经常
11. 我喜欢把成块的时间用于具体事务。
    A. 很少   B. 有时   C. 经常

12. 我随身携带笔记本，记下要做的事。
A. 很少 B. 有时 C. 经常

得分：选"A"的每题得1分，选"B"的每题得2分，选"C"的每题得3分，然后计算总分。

得分在12~19分：你时间观念淡薄，你对生活中的时限要求不够重视。你这种散漫的态度和没有紧迫感可能使他人失望。你应制定完成任务的时间期限，并努力做到不超期。

得分在20~29分：你有理智的时间观念，并在必要时有现实的紧迫感。

得分在30~36分：你正在成为一个强迫性工作狂，学习分清事情的轻重缓急，放松自己，并学会劝自己把一些事情留到明天做。

第一节 认识与时间管理

这个世界上有很多事情不公平，唯独时间，它对每个人都是公平的。每个人利用时间的方式都不同，做出的成就也不同，这就涉及时间管理能力的问题。

一、时间

（一）时间的概念

春秋时期，孔子曾对着奔流的河水说："逝者如斯夫！不舍昼夜。"意思是叹息时间像流水一样不停地流逝，一去不复返。以后有东晋诗人陶渊明"及时当勉励，岁月不待人"、明代诗人钱福"明日复明日，明日何其多"等对光阴流逝、世事变迁的感叹，他们对时间的认识建立在它的逝去性上。近代以来，人们基于时间带来的巨大利益，有人认为时间就是金钱，是生命，是力量，是速度；有人认为时间是知识，是财富；还有人认为时间就是胜利等，这些都反映出时间在人类的生存发展过程中的重要性。

随着社会的发展，人类对时间的认识更为全面和科学。马克思主义认为时间是运动物质具有的客观形式，是其运动过程的顺序更替与前后联系的表现；我国学者杨艳玲着重于时间的特性，认为时间是没有弹性，无法存储、替代与逆转的稀有资源，是物质存在的客观形式。而学者汪天文从认识论的角度分析，认为时间是主体认识客体、主体间交流和主体进行自我认识的抽象体现，是事物运动顺序、客观因果性和心理状态持续性的认知框架。

综合时间的特征和大学生时间管理的特点，将时间定义为：是客体存在的一种稀缺而客观的形式，并具有价值性，这种价值性随着主体与客体之间联系的变化而改变。

（二）时间的分类

从时间的运用特点上分，时间可分为大块时间、首要时间、零碎时间、固定时间、安静时间、弹性时间、交通时间等。而对于不同的事情，又可划分为个人时间和组织时间。个人时间是个人自行支配、利用规划的时间，例如学习、思考时间等，组织时间是由组织或团体统一安排规划的时间，例如聚会、讨论时间等。

时间具有价值，包括无形价值与有形价值。时间的无形价值是个体把时间投资在学习工作、家庭教育方面，建立起学习关系、工作关系、家庭关系、人际关系等功能，时间的有形价值是指个体建立起各类关系后的一段时间里,能获得看得见的实际利益,例如提高的成绩、销售提成等。

(三)时间的特点

1. 客观性

时间是物质运动过程中客观存在的持续性和顺序性,无论人们的态度与喜好如何,时间的这种客观性依然存在,人们既不能阻止和消灭它,更无法创造它。

2. 方向性

方向性,即不可逆性,因为时间是矢量,是按照无法改变的顺序变化的,它无法被停止、压缩和扩大,只能以过去、现在、将来的方向一步步地发展。

3. 无贮存性

任何资源都可以有一种潜能,例如未采伐和开采的森林、矿山具有经济利益的潜能,而且能在使用中发挥出来。然而时间却不是,每个人不管使用与否及个人意愿如何,都要被迫地按一定速率消耗时间。

(四)时间的本质

时间是一种稀有并具有价值的无形资源,这就是时间的本质。时间有固定不变的供给量,是任何活动不可或缺的要素。时间毫无弹性,也无法取代,不同于其他短缺资源能通过一些途径弥补或解决,时间一旦丧失便是永久性的。

二、时间管理

(一)时间管理的含义

时间管理,是指在消耗同等时间的情况下,为提升利用率和提高有效性而开展的体系化的控制工作,是基于个体在社会生产中所处的不同地位而赋予自身的一种内在管理素质。

时间管理的目的是让个体从被动随意地打发时间,转变为合理主动地分配时间,形成高效能的、富有创造性的体力或脑力劳动。可以说,时间管理是大学生需要学习的一门技巧,是决定大学生活成功与否的主要因素。

(二)时间管理的内容

时间管理涉及一系列的控制过程,以此实现预期的目标。具体包括:①提高珍惜时间的意识和观念;②选定目标、制订计划以及建立时间消耗的标准;③通过多种方法合理消费时间,尽可能形成时间结余;④评估时间的利用率;⑤对时间消耗进行经验总结,分析浪费时间的原因;⑥通过科学系统的方法定量控制时间,改变时间浪费现象;等等。

(三)时间管理的本质

时间管理其实就是时间管理主体的自我管理,也就是说,个体时间管理的能力,不仅与其掌握的知识和技能有关,更和价值观、素质、态度等相关,强调的是人、人的价值观和人生过程的紧密联系。从大学生的主体存在性、实践性出发,大学生的时间管理反映的是其学习生活的方向、行为秩序、规律的一个构架,其实质是个体对自身成长空间的把握。

课堂思考

时间管理的内涵是什么?

第二节 大学生时间管理

大学,是我们青春绽放的地方,我们一生中最美的时光都交付给了它。在精彩的大学生活里,合理的时间管理有着它不可忽视的作用。拥有合理的时间管理可以助你成长、成功,而那些不会进行管理时间的同学则会在毕业后感叹自己什么也没有学到。

一、大学生时间管理中的不良现象

严进宽出是中国高等教育的特征之一,这种方法原则上比较合理,能够给予大学生更多的自我空间。但是中学阶段的强压式教育,使他们几乎没有自我管理的机会,加之家庭教育的局限,大学生一旦拥有绝对的自主权,不免导致各类问题的产生。

(一)时间价值感的深度不足

大学生时间价值感是其对成长价值的稳定的认识、态度和观念,直接影响时间监控度和效能。大部分大学生有着一定的时间价值感,知道时间与自身发展的关系,也能意识到时间的有限,但能够做到深入思考的人却很少,多数局限在教条式的认识,在提高思维水平、知识储备以及自我实现等方面缺少必要的实践。

(二)时间监控度弱

大学生时间监控度主要体现在目标的设置、计划的拟订、优先级别的安排、时间的利用等外在行为上,无法系统有序地去执行子项目就造成了个体时间监控上的薄弱。

1. 思考缺乏理性与主动性

没有了父母的严格管束,没有了高中老师的具体要求,大学生对自身的时间具有了较高的掌控力,合理安排时间,主动进行规划,成为大学生的必然需要。然而据调查发现,真正能习惯性做时间计划和安排的大学生不到两成,而对时间规划缺乏理性思考的大学生有近四成。尤其在时间监控的目标设定上,大学生存在根本性的认识不足和行动的缺乏。

2. 时间的分配利用不合理

时间分配上,许多大学生在学习与娱乐活动的平衡上有所偏差。

首先,大学生忽视课堂学习时间,不当行为普遍存在,睡觉、玩手机发生率最高,个别学生存在逃课现象。

其次,课外学习时间不足,并且功利化。与基础教育阶段相比,大学阶段课堂讲授的内容增大、讲解减少,自修时间增加。大学生主要需利用课外学习去消化和补充,同时发展个人兴趣、挖掘潜能。然而,目前认为应将个人时间多花在学习上的学生并不多,更多人认为课外学习只能占一小部分,从而导致课外学习时间明显偏少。

最后,生理时间分配缺乏规律。个体睡眠不足或无规律,会产生注意力不集中,处理问题的灵活性、敏感性下降的现象,久而久之,会出现记忆力减退、生理免疫功能降低,甚至滋生心理疾病。学习是一项高强度的脑力劳动,对于大学生来说更是如此,充实而规律的休息是必要的,然而实际上大学生休闲时间挤占休息时间的情况较普遍,看电视剧、玩游戏、上网是晚睡的主要原因。生理时间管理不善,对大学生的学习过程产生了较大的影响,那些在课堂上打瞌睡的学生基本上都是因为睡眠不足,长此以往,也会伴随出现记忆力减退等神经衰弱现象。

3. 大学生时间效能低

大学生时间效能是制约时间监控的一个重要因素。虽然多数大学生都觉得能够管理好时间,但是实际执行中却事与愿违,仅少数学生能严格按照计划执行。对于无法按计划行事的原因,多数学生不会主动检讨、总结而是忙于找各种理由,仅仅口头形式重视,具体实际行动严重滞后、缺乏落实,直接导致了时间管理效能的降低。

二、大学生时间管理问题的原因

(一) 客观原因

1. 现代新媒体

现代的大学生几乎人手一部智能手机或掌上移动设备,是互联网的主要使用人群之一。网络、智能设备为大学生提供了快捷的学习方式,也带来了弊端,有些学生开始沉迷于网游、网购和其他娱乐中,耽误了课余甚至上课的时间。糟糕的是,这种影响并不仅局限在校园内,还延伸到了学校外,比如通过社交网络结识校外不良人员,可能会对大学生造成巨大的身心伤害。

2. 家庭教养方式

父母教养方式是父母的教养观念、行为及其对子女情感表现的一种组合形式。父母的爱和理解让子女体会到温暖,产生信任感,有助于养成良好的学习习惯,学会正确支配时间、设定目标并合理安排时间,最终形成正确的时间价值感和监控观。相反,父母的过分干涉会使子女产生逆反心理和自卑感,对学习产生厌恶,而且这类学生的人际关系通常不佳,学习成绩落后。

另外,在我国传统的家庭教育观念中,父亲经常是严父的形象。在这种家庭教育观念下培养出的大学生由于父亲的严厉管教,中学时代有着优良的学习成绩,他们能把这种严厉内化为自我认识,但一旦离开父亲,就会失去管理时间的能力。

3. 性别、年级和专业

不同性别、年级大学生的时间管理倾向存在差异。女大学生的时间管理倾向水平要高于男性大学生,高年级大学生的时间管理倾向水平高于低年级大学生。对于应届毕业生,由于面临就业、考研的压力,会对时间、职业目标等进行管理规划,表现出较高的时间管理水平。另外,不同专业的大学生在时间价值感方面存在差异,理工科生的时间价值感要明显高于文科生。

4. 学校氛围

普通专科和重点本科院校的学生在学习能力、学习动机、学习主动性上存在着一定差异，其中学校的学习氛围是主要影响因素之一。重点本科院校中集中了高中时学习成绩较好的学生，自然形成了良好的学习氛围，这种氛围会对身处其中的个人产生影响。

(二) 主观原因

对于大学相对自由的学习生活，适应这种变化有一个必然的过程，学生的个体差异在某种程度上决定了他们不同的适应力，也对其时间管理的能力产生了不同程度的影响。

1. 心理健康

心理健康（Mental Health）即正常的心理状态，是指精神活动正常，心理素质好。时间管理倾向是影响大学生的心理健康和生活质量的因素之一，大学生时间管理的能力越强，其体验到的焦虑情绪就越少。个体主观幸福感的积极情绪越高，消极情绪越少，时间价值感和效能感就会越高。

2. 完美主义

完美主义（Perfectionism）是一种人格特质，是个体设立过高的标准，并根据目标的实现与否来评价自己的倾向。消极的完美主义者总是希望把任何事情都做得无可挑剔，在没有把握成功完成某项任务之前，迟迟无法开展行动，一拖再拖。因此，完美主义往往造成结果与期望的巨大差距，影响了大学生的心理健康。

3. 自立人格

夏凌翔和黄希庭将自立人格（Self－Supporting Personality）的概念界定为在社会背景下，个体在自己解决关于基本生存与发展问题中所形成的个人、人际的特质，主要是独立个性、主动性、责任性、开放性和灵活性等。自立人格对个体的行为都起着重要作用，自立人格对大学生时间管理的优先级、反馈性、时间分配和行为效能预测力最强。

4. 身份认同

在很长的时间里，大学生由于数量稀少以及在社会阶层中的决定性作用而成为众人羡慕的对象。然而，随着高等教育向大众普及，培养对象已扩充到大部分的普通青年，大学生不再稀奇。学生怀着憧憬步入大学，但专业枯燥乏味、校区配套设施欠佳等问题不断出现，理想与现实的巨大差距，使身份认同产生了偏差，导致学生对大学生活产生迷茫，时间管理意识也就不足。

三、规划和管理好自己的大学时间

(一) 认清学习生活的改变

1. 学习的变化

（1）从非定向到定向。

中学教学是多科性、全面性、不定向性的基础知识，但是大学是培养高级专门的人才，是有目的地进行系统的专业理论知识学习和专业技术训练，为日后的专业工作或相关工作打下坚实的基础。

（2）从被动性到自主性。

中小学阶段的学习，更多带有强制性和被动性的色彩。大学生求知欲、观察力和记忆力都很强，学习自由度相对增大，可根据自身的特长特点、兴趣爱好，合理地安排学习计划，需要更强的学习主动性和自我组织性，较强的自我识别、自我选择、自我培养、自我控制和自我设计的能力。

（3）从单一化到多样化。

大学生学习空间大大扩展，有知识密集的教师群体，有设备先进的实验室，有藏书丰富的图书馆。学习方法灵活多样，有课堂讨论、看参考书、写读书笔记或论文等。学习途径多样，包括上选修课、听学术讲座、加入教师的科研、参与第二课堂等。大学生可以积极主动地获取知识，但其中自学是关键。

（4）从局限性到博大性。

大学课程多、单元授课时间信息量大，教学内容具有高深的理论性、鲜明的定向性和较强的实践性。大学教师上课内容既要立足于课本，又要跟踪国际先进科学技术的发展和新科学发现等学科的前沿知识，无疑提高了学生学习的兴趣，但同时又加重了他们的负担，因为这些内容是书本上没有的，但他们又必须了解。

（5）从安稳到探索竞争。

大学生除学习专业知识外，还要学习外语、计算机等多种课程，学习任务繁重。大学的环境决定了大学生的学习生活并不是一件轻松的事，搞好学习不仅要有刻苦精神，还要有科学的学习方法。同时，在学习过程中遇到的障碍很多，同学之间竞争激烈，只有处理好各种矛盾才能更好地投身到学习中去。

2. 生活的变化

与中学阶段相比，大学阶段不仅在很多方面发生了改变，更是一个从学校到社会的过渡期。这个过程自由而矛盾，是人生发展和实现自我价值的必经阶段，因而尽早地把握大学生活的规律十分关键。

（1）人际关系从熟悉到陌生。

大学新生陡然从一个"熟人型"社会进入"陌生人"社会，人际交往由"一元化"向"多元化"转变。来自五湖四海的同学组成一个宿舍、一个班级、一个学院，生活习惯、兴趣爱好难免存在差异，相互理解和关心就成为一种需要。

（2）生活方式由包办到独立。

大部分同学读大学都需要离开父母独立生活，许多同学还要远离家乡。这样，大学生就必须独立支配自己的生活，衣食住行、经济开支等都要由自己安排，独立处理遇到的问题。

（3）学校管理由封闭到自由。

大学校园管理与中学相比也有许多不一样的地方，学校管理由中学的"封闭型"向大学的"松散型"转变。在大学里一般没有固定的教室上晚自习，没有统一的作息时间要求，老师不像中学时那样紧随身边监督，学校的规章制度也有所变化。

（4）社会活动范围由窄变宽。

进入大学后，参加各种社会活动的机会大大增加：党团组织、学生会、班委会、学生社团丰富多彩的活动有很强的吸引力，老乡交往、舍友交往、师生交往等人际交往也将不同程度地占据学生的生活空间。大学生可以根据需要选择活动，在与他人的交往中培养能力、拓展人脉。

课堂思考

大学生如何管理时间？

第三节　重新认识时间

俄罗斯教育家乌申斯基说：“不良的习惯是道德上无法偿清的债务。”重视时间的利用，首先就要克服不良的习惯。

一、养成良好的用时习惯

养成良好的用时习惯是有效管理个人时间的前提。生活中人们或多或少都会产生惰性，或者由于自身原因产生时间浪费，要想把这些浪费的时间利用起来，改变用时习惯势在必行。管理学家彼得·德克曾指出，如果我们不能有效地管理自己，那么无论什么样的技巧、能力、知识或经验都无法造就有效的管理者。事实上，管理者自身如何安排利用时间是时间管理问题的根源所在。所以，时间管理的实质是自我管理，所有的自我管理都必然包括行为习惯方面的管理。

当下大学生出现时间浪费现象的问题在于存在不良的用时习惯，只有改变了那些不好的行为习惯，问题才有可能得到根本解决。在学习和工作中，我们应加强自我管理意识，要尊重他人的时间，在与人交往时做到按时、准时和守时。但是，改变用时习惯不是一朝一夕的事，可能刚开始会觉得不舒服，但是适应并养成了正确的用时习惯后，就会从中获益颇多。所以克服坏习惯、养成好习惯，都应从当下即时开始，做出行动很重要。

二、遵循生理规律

大学生在安排自己的课余生活时，应该根据生理规律分配适宜的时间，以便更好地管理个人的时间。人在一天的活动当中并不总是保持高效率，不同的人最佳学习时间不同，个体之间存在较大的差异。

心理学家将其分成四种类型：第一种属于早睡早起型，这类人在早晨的学习效率比较高，夜晚则需要按时休息；第二种属于熬夜高效型，这类人早上起得比较晚，但在夜深人静时，学习效率高；第三种叫白天规律型，这类人上午和下午各有一个学习效率的高峰，但一定要午休；第四种叫间歇兴奋型，这类人一天中有多个学习效率的高峰，但是每个高峰的持续时间都不长。大学生可以根据自己的规律特征，掌握最佳效率时间，并有效利用这段时间，以达到事半功倍的效果。

三、以 SMART 为导向的目标管理原则

SMART 原则是彼得·德鲁克在《管理的实践》中提出的经典目标管理原则，SMART 原则具体是指：①S（Specific），指的是绩效目标的范围是明确具体的，具体化目标有利于执行；②M（Measurable），即目标应是数量化或者行为化，验证这些绩效指标的数据或者信息是可以获得的；③A（Attainable），即目标在付出努力的情况下可以实现，避免设立过高或过低的目标；④R（Relevant），即绩效目标与工作的其他目标是相关联的；⑤T（Timebased），即目标必须在确定期限内完成。指导大学生根据 SMART 目标管理原则制订个人发展计划，需要让大学生根据自己课余生活的实际情况，确定相应的目标及可行性规划，以便进行个人发展进度的监控。

（一）运用 ABC 分析法

ABC 分析法又称帕累托分析法，也叫主次因素分析法，是项目管理中常用的一种方法。它是根据事物在技术或经济方面的主要特征进行分类排队，分清重点和一般，从而有区别地确定管理方式的一种分析方法。一天中最重要的事情称为 A 级任务，其执行需要专人负责，不可代替；次等重要的为 B 级任务，可以向工作伙伴进行分工；其他不重要的为 C 级任务，可以利用碎片时间完成或转授他人完成。由于它把被分析的对象分成 A、B、C 三类，所以又称为 ABC 分析法。ABC 分析法的主要功能是将工作程序化，用最少的时间创造最大的效益。时间管理成功的关键点在于，把需要完成的工作任务按照 ABC 分成三个等级确定任务处理的优先顺序。

（二）掌握时间"四象限"法则

时间"四象限"法则是美国管理学家科维提出的著名时间管理理论，把工作按照重要和紧急两个不同的维度进行了划分，基本上可以分为四个"象限"：紧急重要（如突发事件、信访投诉、即将到期的任务等）、重要非紧急（如参加考试、会议安排、人员培训、制订方案等）、紧急非重要（如接听电话、临时到访接待等）、非紧急非重要（如上网、聊天、网络游戏等）。时间管理理论的一个重要理念是：应把主要的精力和时间集中放在第二象限，第三象限要舍弃，第四象限要收缩。多数人更容易关注第一象限的事件，但常常原本有充足的时间去计划和完成一件事，却因为没有及时地去做，随着时间的流逝，使原本属于第二象限的事件慢慢推移到了第一象限，于是只能疲于应付，长此以往不利于学习也不利于健康。第一象限和第二象限的事件本来就是互通的，第二象限任务的增多会使第一象限的任务减少。为此，高校必须引导大学生分清事情的轻重缓急，把主要精力放在重要且不紧急的"第二象限"事务上。

 课堂思考

适合你的时间管理方法是怎样的？

课后延伸

依据自身情况,制订一张时间计划表,定时检查自己是否按计划执行并对计划进行修订。

 经典诵读

光景不待人,须臾发成丝。

【出处】:唐·李白《相逢行》

【释义】:时间不等待人,转眼之间头发就白了。

【解读】:诗句劝人们应当珍惜时间,莫到晚时空余悔。道理虽简单,亦难得,人们往往不懂珍惜自己眼前所拥有的。

为人处世篇

第五章

坚持做善良的人

美国作家马克·吐温称，善良是一种世界通用的语言，它可以使盲人"看到"、聋人"听到"。心存善良之人，他们的心滚烫，情火热，可以驱赶寒冷，横扫阴霾。善意产生善行，同善良的人接触，往往智慧得到开启，情操变得高尚，灵魂变得纯洁，胸怀更加宽阔。多与他们相处，你不需要有所顾忌，有所防备，而会感到很舒服……

课堂导读

从携程幼儿园老师虐童事件被曝光，到"江歌惨案"，每一件事似乎都在告诉着我们人性的险恶，这也让大家重新开始思考"善良有必要吗"这件事。你认为在当今社会善良还有必要吗？

第一节 在当代社会，善良还有必要吗

一个社会形成牢固的道德体系需要一个民族几百上千年的努力，而想让之大倒退只需一两件事。当年的"彭宇案"，大家还记得吗？2006年11月20日，南京小伙子彭宇在公交车下车的时候，看到一个老人跌倒，扶起来并送往医院，而老人及其亲属却指证他是肇事者，将他告上法庭巨额索赔13万。这件事让我们不敢再扶老人了。"是坏人变老还是老人变坏"的话题我们隔三岔五要拿出来讨论一次，每次都让我们心凉半截。如今的"江歌惨案"，让我们一下子回到原点，开始重新思考"善良还有没有必要"。好人没好报，坏人很逍遥，这结局让人寒心。但是，善良真的无用吗？答案当然是否定的。

一、善良本无错

大家看过电影《素媛》吗？可爱漂亮的素媛，只不过是想给大叔撑一把伞，她也想过直接走，可是她觉得给被淋雨的大叔撑伞是应该的。结局是素媛惨遭身体的终生损害。

但我们能说善良有错吗？表面上看，因为善良，素媛才落到那样悲惨的境地，但深层次的原因其实在于犯罪者本身！如果她不想帮忙，犯罪者也会强迫她。事情只是碰巧地发生在她身上，这跟善良无关，反而后来正是因为善良——同学们一段又一段的留言，让素媛从阴影中走出来。善良本无错，只是我们必须清醒认识到人性中有自私、冷酷、丑恶的一面。对人性有清醒的认知，就不至于太过于放松警惕。我们避免不了穷凶极恶，至少可以躲过临时起意。例如不要随便泄露个人的隐私，不和蛮不讲理的人逗口舌之快，不要夜闯治安混乱区

域。知道恶在，就不以身试险。

二、善良需要理性的锋芒

"江歌惨案"一度引起人们对善良的讨论。花样年华的江歌选择善良，在朋友刘鑫的前男友来闹事时保护她，却因此付出了生命，但江歌的善良并没有让刘鑫有一点点愧疚。

如果刘鑫在江歌与前男友冲突时拒不开门是出于自保，那事后竭尽全力撇清自己与案件的关系，种种谎言，拒不相见甚至威胁江歌妈妈，宣判结束后发长文极力为自己洗白，就是深入骨髓的丑恶，是对善良无情的践踏。不知感恩的人，不会对你的善良心怀感激，很多时候，他们认为理所应当，甚至得寸进尺。"善良和爱都是免费的，但不是廉价的。你的善良，需要带点锋芒；你的爱，需要带些理智，慧眼识人，毕竟不是所有人都配拥有它们。"希望我们的大学生能够身披铠甲，心怀善良。

三、心若善良，步步生香

罗曼·罗兰说："看清这个世界，然后爱它。"看清了现实的残酷和人性的黑暗，仍然愿意坚持善良，即使再平凡的人，也能成为一束光，温暖他人，照亮世界。

白方礼——一个感动中国的名字，1913年出生，祖辈贫寒，他从小没读过书，13岁就给人打短工，后来逃难到天津，靠起早贪黑蹬三轮糊口度日，经常挨打受骂，被人欺负，加上苛捐杂税，终日食不果腹，受尽了世间的薄凉。

退休后，白方礼回老家准备颐养天年，看到一群因为贫困而上不起学的孩子，白方礼好几天睡不着觉，他吃过没读书的苦："庄稼人要是没知识，只能一代代穷下去，不成！"他将仅有的5 000元积蓄全部捐了出去，并重操旧业，蹬三轮资助贫困学生，那年，他74岁。而后近二十年的时光里，他靠着一脚一脚蹬三轮，挣下35万元，圆了300多名学生的上学梦。

可白方礼自己却节俭得近乎苛刻，每一个见过他的人，都会心酸。一个馒头，一碗白水，就是一顿，有时往水里倒点酱油，他就觉得很美味了。全身上下的穿戴，是他从街边路旁或垃圾堆里捡来的，他却挺开心："省下这几十块钱，可以供十来个苦孩子一天的饭钱呢！"

一个大雪纷飞的冬日，年近90的白方礼蹬着三轮来到天津耀华中学。他的头发胡子已花白，身上被雪打湿。他向老师递上一个饭盒，饭盒里1角、2角、1元、2元的钱叠得整整齐齐，一共500元。他说："我干不动了，以后可能不能再捐了，这是我最后一笔钱……"老师们全哭了。

"人而好善，福虽未至，祸已远矣"，善良，是人这一生中最大的底气和福气。坚持做一个善良的人，让善良成为开在心上不败的花。心若美好，自有光芒，心若善良，步步生香。

 课堂思考

以电影中小女孩素媛为借鉴，生活中我们在做善事时需要注意些什么呢？

第二节 善良的意义

常听到有人抱怨世态炎凉,人心冷漠,以至于不敢再做一个善良的人。但其实,这个世界并没有你想象的那么糟。人生,总有一些不期而遇的温暖,让人瞬间感动。我们不能因为世界的冷漠而放弃了心中的善良。

一、为别人着想的善良,是最好的教养

地铁站里的一群农民工师傅,温暖了整个朋友圈。南京地铁早高峰,一群农民工师傅看着一班班列车驶离,却迟迟不愿上车。问了以后才知道,不肯上车的原因是他们怕自己随身携带的行李影响到其他乘客,还说:年轻人上班要赶时间,让他们先走,我们不赶时间。于是,足足等了2个小时,他们才搭上了地铁。

他们本可以不这么做,但发自内心的善良,让他们选择这样做。善良与学历、职业、年龄、身份无关,它静静地流淌在一个人的血液里,悄无声息地温暖了无数人。

二、无处不在的善良,让世界充满深情

一名2岁的男孩突然从电动车上跑下来。眼看就要被车撞上,正在执勤的交警冒着被撞的危险飞身向前,将孩子抱开,避免了意外的发生。

一对小情侣吃夜宵时点餐点多了,女孩叮嘱男孩从餐盘的旁边夹菜。两人吃完后,女孩又买了两份米饭,和之前未动过的饭菜一起打包。出门后,女孩便把饭盒递给了路边的流浪汉。

公交车上,一个姑娘在座位上留了一张纸条。纸条上写着:"椅子湿的。"

大雨中,武警为考生站岗,家长为站岗武警打伞,彼此的守护,无言的温暖。

地铁里,一个男生一直在玩游戏。当一位轮椅乘客进来时,他很自然地用手拉住晃动的轮椅,又把一只脚卡在轮子下,把轮椅固定住,整个动作一气呵成。几站过去了,一直没放手。

一位老人骑电动车摔倒,路过的两名女学生看到后当即停车查看。老人不愿去医院,她们便回家拿药给老人止血,直到老人家属赶到后才离开。

这个世界上善良的人总是比坏人多。生活也许没有我们想象的那么好,但也绝不像我们想象的那么糟。愿你始终保持温暖和善良,让这个世界充满深情。

三、你付出的善良里,存着你未来的路

在美国,一家百货商店里,由于突下大雨,有位衣着简朴的老太太浑身湿透进来避雨,几乎所有的售货员都不愿搭理这位老太太。有位小伙子很诚恳对老太太说:"夫人您好,能为您做些什么?""不用了,我躲一下雨马上就走。"老太太觉得借别人的地方躲雨,有点不安,就想买一点商品,可是转了半天实在不知道买什么。这位小伙子看到了就对老太太说,"夫人,不必为难!我搬了一张椅子放在门口,您安心休息就好了。"两个小时后雨停了,老太太要了小伙子的名片离开了。几个月后,这个小伙子获得一个机会,被指定代表这家百

货公司和另一家大的家族公司洽谈业务,利润巨大。后来才知道是老太太给的机会,这位老太太不是别人,正是美国亿万富翁"钢铁大王"卡内基的母亲。于是,这位小伙子由此一帆风顺,青云直上,成为"钢铁大王"卡内基的左膀右臂。

其实,世界就是一面巨大的回音壁。你怎样对待世界,世界就怎样反馈你。世界正在偷偷奖励善良的人,你永远不会知道你一个小小的善举会给你带来怎样的好运,但是你发自内心的善良却终会替你赢得全世界。我们常说的"乐善好施能服于人,上善若水厚德载物"指的就是这样的境界吧。你如何对待别人,别人就会如何回报你;你付出的善良里,藏着你未来的路。

 课堂思考

你做过一些什么样的善举,考虑过回报吗?你做了善举之后被人误会过吗?又是如何处理的?

第三节 如何成为一个善良的人

善良给我们自身以及他人的生活带来意义。善良意味着更善于交流,更有同情心,更有帮助别人的正能量。每个人内心深处都有一颗善良的种子,有的人天生善良,有的人通过培养可以变得善良,只要你愿意努力。

一、养成善意的视角

(一) 真心关心他人

善良是温暖的、相互的,是耐心、信任、忠诚和感恩。善良意味着"付出更少",因为它使我们不被负面的态度和感受所束缚,如怨恨、嫉妒、猜疑和操纵。善良就是从心底关心所有人。练习表达善意,慷慨待人。通过练习,你会逐渐克服害羞,逐渐学会怎么帮助别人,最后把善良内化为一种自觉。真正的善良是不求回报的,没有任何附加条件。

(二) 不要把善良看作达到自我目的的途径

善良并不意味着"自私的友好,计较的慷慨,表面的礼貌"。因为希望从别人身上得到你想要的才对他人友好,或者希望控制别人,这不是善良。假装关心他人只为了平息愤怒或耻辱,这不是善良;隐藏愤怒或沮丧强颜欢笑也不是善良。最后,一味讨好别人也不是善良,这种让步只是一种将就,因为你害怕不妥协的后果。

(三) 向他人学习善良

想想那些善良的人,他们给你什么感觉。是不是每次想起他们就觉得很温暖?很有可能,因为善良是可以停留的,在你最困难的时候温暖你。当有人认可真正的你,这种信任和肯定会永远延续。记住别人是如何用善良鼓励你的。他们如何让你感觉自己特别受重视?是不是有可以借鉴的方法?

（四）把善良变成一种习惯

善良是一种习惯，并且每个人都能培养。建议日行一善，坚持一个月。最后，你会发现你的生活有重大改变，你对自己的感觉更好，别人对你的态度也会有所不同，对待你也更友好。以下是培养善良的一些建议：制订一个力行善举的详细计划，做什么善良的行为，在什么时间做，每天对别人做一件善良的事。与他人交流时要善良、友好和宽容，即使有时对方会使你生气、有压力或烦扰。主动帮助需要的人，帮他人缓解痛苦是更大的善举。

（五）善待所有人，而不是个别人

我们常常对需要的人（病人、穷人、弱者）做善良的事，却很难对那些和我们平等的人善良，这种局限的善良带来的问题是，我们意识不到自己需要对每个人都善良，无论那个人是谁，无论他是否富有、价值观和信仰如何，行为和态度如何，无论他来自哪里、是否与我们有共同点等。选择只对我们认为值得的人善良，是对人的偏见和评判，是带有前提的善良。真正的善良是对所有人的，当你尝试这种广泛概念上的善良时，你将面对全新的挑战，你将不断深入理解善良的含义。

（六）减少人格判断

想做到真正的善良，就不能用自己的价值观批判别人。浪费时间批评别人，还不如多点同情心，做些积极的事。假如你总是看不起别人，嫌别人磨蹭，觉得身边的人都没头脑，那么你永远都领悟不到善良的真谛。你不是别人，你无法真正了解别人，所以别再多加评判了。应该帮助别人，而不该苛责别人。如果你有评判他人、说闲话的倾向，你必须先克服自己的误区才能变得善良。善良意味着理解别人的缺点，而不是要求别人完美。

二、培养善良的特质

（一）培养同情心

"善良，对于你遇见的每一个人都是一场艰难的战役。"根据柏拉图的说法，这句话的意思是每个人都经历着这样或那样的挑战，有时候当我们因为自己的问题，会忽视对他人的理解，并且把怒气牵连到别人。在做某些可能对他人带来负面影响的行为时，问问自己"这样做善良吗？"如果你不能肯定地回答这个问题，那这就提醒你应该马上改变你的行动和方式。即使你感到你的状况已经糟糕到极点，记住其他人也正不安、痛苦、艰难、伤心、失望和困惑。这不会减轻你糟糕的感觉，但这能让你意识到：人们都会因为自己受伤害和痛苦而做出片面的反应，这种反应不是源于内心的全面考虑，而善良正是避免无端怒火，让你更全面了解自己的关键。

（二）保持积极心态

开心、乐观和感恩能释放心中的善良，让你能看到他人和世界的美好，使你能直面挑战、失望和残酷，恢复对人的信心。保持乐观的态度，使你善良的行为充满真正的愉悦和欢乐，而不是充满虚伪，或是出于责任或提供服务的目的。保持幽默使你不会显得太严肃死板并对生活中的矛盾和对立面保持信念。保持乐观没那么容易，尤其是遇到不顺的时候。但是通过练习，每个人都能让自己关注积极事物，忽略消极事物，努力让生活充满快乐而非悲伤。保持积极乐观不仅能让你变得善良，还能给身边的人带来快乐。要是你总抱怨，身边的人也不会愉快。

（三）保持友好

善良的人总是友好的。他们不必是最外向的，但是他们愿意亲近别人，让别人觉得自在。如果学校或公司来了新成员，你可以主动和他交流，带他熟悉环境，邀请他参加聚会。即便你不外向，短暂的交流和微笑都能表达友好，别人能感受到你的善意。友好的人之所以善良是因为他们希望别人好。他们愿意和陌生人交谈，让对方感觉自在。如果你天性腼腆，也不必完全改变自己的个性。只需要多关心别人，了解他们的近况，表达自己对他们感兴趣。

（四）礼貌待人

尽管礼貌并非善良本身，但真诚的礼貌能传达你对他人的尊重。礼貌是一种获得他人关注并发表自己意见的善意方式。礼貌可以通过以下途径做到：改变你发出请求或做出回应的方式。例如，说"请问我是否可以"而不是"我能不能"，说"我感到惊讶"而不是"这不公平"，说"请让我换个说法"而不是"我没这个意思"。调整你说话的方式和音量，行为上有礼貌，不要太孤僻，也不要过于热情。

（五）拥有感恩的心

真正善良的人善于表达感恩之情。他们不会想当然，在得到帮助后会感激对方。他们经常说谢谢，而且真心实意。他们还会写致谢卡，很乐于表达感谢。他们不仅会感谢别人帮助自己完成任务，还会感谢别人带来好心情。当你把感恩变成习惯，你就会更善良。如果你能多留意别人对你的善举，你便会对他人更友善。你要记得别人对你的善良，并愿意传播善良。

三、采取行动

（一）关爱动物，关爱世界

关爱动物和宠物是一种善举。没有人强迫你关爱其他的物种，尤其在如今这种人类占支配地位的世界。因此，关爱和尊重动物的举动是非常善良的表现。而且，善待这个支撑和哺育我们的世界，是明智而善良的，这能确保我们不会危害自然，从而保证我们的健康。收养宠物，你的善良会得到回报，宠物会融入你的生活并为你带来快乐和爱。为远行的朋友照顾宠物，向朋友保证在他远行时关爱他的宠物。尊重你所照顾的物种。人类不能"拥有"动物，我们照顾它们，对它们的健康负责。花点时间到当地社区维护环境。出去走走，与家人、朋友或独自到大自然中去，作为世界的一分子与世界交流。分享你对自然的爱，帮助别人重拾与自然的联系。

（二）多微笑

微笑是传播善良最简单的方式。对朋友、熟人甚至陌生人微笑。向别人微笑，对方会回报给你微笑，同时也给别人的生活增添了快乐，不过你不需要整天保持微笑的表情。微笑还能放大快乐，让每个人都受益。在这过程中，善良也会滋长。微笑让对方自在，让你更有亲和力，这是善良的一种形式。对陌生人微笑，消除尴尬，也是一种善良。

（三）关心别人

善良的人真心在意别人。他们不是为了回报而做善举。他们只是想让身边的人健康快乐。试着表达对他人的兴趣，关注对方，向对方问问题。下列办法可供参考：

真诚地问别人近来可好。问对方的兴趣爱好和家庭。如果对方刚经过一件人生大事，问他进行得是否顺利。如果对方将参加考试或面试，祝他好运。交谈是互动的过程，不是一个人在说。给别人多一点表达机会。交谈时放开手机，与对方眼神交流，表达你的重视。

（四）捐赠

做慈善也是一种善举。不要把旧物随意扔掉或廉价出卖，可以把它们捐赠掉。如果你有些衣物、书籍等保存良好，可以定期捐给慈善机构，传播善良。如果你知道某人可能需要这些衣物和书籍，主动询问对方，不要害羞。这也是一种善良。

（五）随机做善事

"随机的善举不期待回报，不期望有一天有人会对你做同样的事情。"这是戴安娜王妃说过的话。这种做法流传至今，甚至有人成立小组，把随机善举作为公民义务来履行。

结合自己的实际情况，给自己制作一个实施善举的小卡片，并时常提醒自己，自觉行动。

君子莫大乎与人为善。

【出处】：《孟子·公孙丑上》

【释义】：这句话的原意指君子最高的德行就是同别人一道行善。与人为善现指善意帮助别人。

【解读】：与人为善是中华民族的传统美德，是为人处世的重要准则。在今天，提倡与人为善，对于构建和谐社会具有重要意义。

第六章

尊重他人　学会赞美

尊重他人是中华民族的传统美德，孔子提倡人要做到"仁、义、礼、智、信"，即做人的基本准则是自身修养好，懂得尊重别人，讲礼貌，讲诚信。俗话说得好："人敬我一尺，我敬人一丈。"要想得到别人的尊重，首先要学会尊重别人。如果你能尊重你的父母长辈，你的家庭都会因你变得温馨和睦；如果你能尊重你的同学，你将赢得很多知心朋友；如果你能尊重你的老师，你就会在老师的教导中获得更多的知识和人生道理；如果你能尊重你身边的陌生人，那你将成为一抹亮丽的风景。

课堂导读

观看一则公益广告——《尊重》，大家思考尊重在生活中有什么作用。

第一节　尊重的内涵

正如泰戈尔所说："你尊重人家，人家尊重你，这是人与人之间的公平交易。"如果你不遵守交易的规则，你也不可能得到别人的尊重。要想别人尊重你，你首先要尊重别人。你自己待人的态度往往决定了别人对你的态度，就像一个人站在镜子前，你笑时，镜子里的人也笑；你皱眉，镜子里的人也皱眉；你对着镜子里大喊大叫，镜子里的人也冲你大喊大叫。所以，我们要获取他人的好感和尊重，必须尊重他人。

一、尊重是人类深层次的需求

美国心理学家亚伯拉罕·马斯洛1943年在《人类激励理论》论文中提出将人类需求像阶梯一样从低到高按层次分为五种，分别是：生理、安全、社交、尊重和自我实现需求。尊重又分内部的和外部的。

内部的是自尊，指一个人希望在各种不同情境中有实力、能胜任、充满信心、能独立自主。

外部尊重是指一个人希望有地位、有威信，受到别人的尊重、信赖和高度评价。也就是说当我们吃饱喝足，处在一个安全的社交环境中时，接下来的需求就是尊重需求，这是每个人都需要的。

二、尊重是条双向道

尊重从来就不是单向的，而是相互的。夫妻在朝夕相处中学会尊重对方，才能使爱情天长地久；同事之间在工作生活中学会尊重对方，才能使友谊之树长青；邻里在相互谅解中学会尊重对方，才能和睦相处；上级、长辈在批评中学会尊重对方，才能使其认识错误，不断成长进步；竞争对手在商场中尊重对方，才能为自己赢得信誉和商机。同学之间在学习生活中学会尊重对方，才能创造良好的学习氛围和生活环境。

课堂思考

你是如何理解"尊重是一条双向道"的？

第二节　尊重的意义

世上没有两片完全相同的树叶，用自己的价值观去衡量另外一个人肯定会有偏颇。形成自己独有的思想体系是很好的，它会使我们对遇到的一些事情有比较清晰的判断，与此同时，它也会让我们变得固执己见，不肯包容、妥协与自己格格不入的观念。因此，尊重他人不仅仅是一种态度，也是一种能力和美德，它需要设身处地为他人着想，给别人面子，维护他人的尊严。

一、尊重给人以自信

尽管人与人之间有不同的风俗习惯、饮食习惯、民族传统，尽管人与人之间工作能力有大小、强弱之分，工作方法、思路也不尽相同，尽管在语言表达上有口齿伶俐者、有木讷愚钝者，尽管有的人拥有权力、有的人学富五车、有的人腰缠万贯、有的人下岗失业，等等，但所有人的人格是平等的，法律赋予的权利是相等的，人人都需要得到尊重。

一位商人看到一个衣衫褴褛的铅笔推销员，顿生一股怜悯之情。他不假思索地将 10 元钱塞到卖铅笔人的手中，然后头也不回地走开了。走了没几步，他忽然觉得这样做不妥，于是连忙返回来，并抱歉地解释说自己忘了取笔，希望不要介意。最后，他郑重其事地说："您和我一样，都是商人。"

一年之后，在一个商贾云集的社交场合，一位西装革履、风度翩翩的推销商迎上这位商人，不无感激地自我介绍道："您可能早已忘记我了，而我也不知道您的名字，但我永远不会忘记您。您就是那位重新给了我自尊和自信的人。我一直觉得自己是个推销铅笔的乞丐，直到您亲口对我说，我和您一样是商人时为止。"

商人这么一句简简单单的话，竟使一个自卑的人顿时树立起了自尊，使一个处境窘迫的人重新找回了自信。正是有了这种自尊和自信，才使他看到了自己的价值和优势，终于通过努力获得了成功。

二、尊重身边的每一个人，人生处处是"考场"

在日常生活中，人们可能很容易去尊重上司，尊重那些名门望族，尊重那些高高在上的人。人们却往往会忽视身边那些平凡的人，比如那些打扫卫生的清洁工、勤杂工，觉得他们衣着简陋，面容沧桑，根本就懒得正眼瞧他们，更不用说去尊重他们了；甚至觉得和他们打招呼、说话简直都有失身份。

有一位女士带着孩子去公司，孩子一直流鼻涕，她就拿出纸巾给他擦鼻涕，并随手将擦完鼻涕的纸巾丢在了干净的地上。

这时在旁边打扫卫生的老人走过来把纸巾捡起来放进了垃圾桶，什么也没有说。女士又把一张纸丢在地上，老人还是静静地把它捡起来放进垃圾桶。

女士给孩子擦鼻涕后再次把纸巾丢在地上，老人依然没有说什么，只是把它再次捡起并放进垃圾桶里面。

这位女士鄙夷地瞥了一眼老人，借机教育起自己的孩子："如果你不努力学习的话，长大后找不到工作就像那个人一样，要干这些肮脏的活，被人瞧不起！"

老人这时候走了过来，说："这里是××公司，只有公司职员才可以进来，请问您是怎么进来的？"

女士很自豪地说："我是公司营销部的经理。"

老人听了，拿出电话拨了一个号码，随后在办公楼走出一位年轻人，老人对他说："我建议你重新考虑一下营销部经理人选是否合适。"

年轻人郑重地回答："好的，我会慎重考虑您的建议。"

原来，那"清洁工"是刚回国不久的总裁！

最后，老人蹲下来，微笑着对小孩说："孩子，人不光要懂得好好学习，更重要的是要尊重你身边的每一个人。"

人生处处是"考场"，你对别人的尊重也许很快会转化为你人生路上的"神助攻"，而你某一次粗鲁漠视的态度却也很有可能变成阻碍你继续前行的"猪队友"和"拦路虎"。

三、尊重别人是一种修养，一种美德，而受人尊重则是一种幸福

一个男孩到山上放牛，这是他第一次登上山顶，一道山谷展示在他面前。男孩子高兴地唱起了歌，不料从远处传来一片回声，也有人和他唱同样的歌。他朝四处张望，却不见一个人影，便情不自禁地自言自语道："谁在唱歌啊？"

"谁在唱歌啊——？"只听见有人也在问。这时男孩不知道这究竟是谁在说话。"你是谁？"他又喊道。"你是谁？"那边也喊道。

这时候，这位小男孩以为哪个陌生朋友在捉弄他，于是他开始骂对方，对方也开始骂他，双方唇枪舌剑，互不相让。这时候，一个采药老人恰好从那儿经过。

"孩子！"他问道，"你干吗如此喊叫？这儿又没人招惹你。"男孩说，"这里有一个人，他一直躲在那儿骂我，我恨不得要揍他！"

"别这样，孩子！我听得一清二楚，这场争端是你先挑起来的。谩骂别人的人，别人也同样回敬他，那么他就会自食其果！如果你尊重他，他也会尊重你的。"

"是吗?"孩子说:"那我就试试看!"接着,男孩对着山谷说:"你好!"

果然山谷那边也传来"你好"的回音,小男孩开心极了。

社会是一个大家庭,我们每个人都是其中的一员。要想让这个大家庭的每个人都生活得幸福快乐,我们就要像故事中的老爷爷说的那样,学会彼此尊重。有了尊重,才会理解宽容他人,才会有和谐快乐的基础,我们的生活才能充满欢声笑语,我们的朋友才会越来越多……

生活中,人人都是平等的。富翁在海滩边享受日光浴的时候,乞丐也在路边晒太阳,阳光会无私地把它的爱和温暖洒向人间的每一个角落。人没有高低贵贱之分,人人都需要被理解,被尊重。尊重他人,你得到的回报就是别人对你的尊重。

 课堂思考

在校园生活中,在社会交往里,你尊重别人了吗?

第三节　学会尊重他人

尊重不是一种行为,它更体现在一个人的思想上,没有思想上的尊重,无论行为表现得有多好,都是不真诚的,本节主要和大家谈谈如何尊重他人。

一、要尊重别人的隐私

每个人都是一个独立的个体,需要自我调适的私人空间,我们要尊重他人,就不能随意八卦别人,刺探别人的隐私。

二、要尊重别人的生活方式

每个人的生活方式都不一样,因此,无论别人的生活方式你有多么的不认同,你也不能因此怨恨他人,而应在尊重的基础上,多与人沟通协调。

三、要尊重别人的工作

有人说:任何事物都分三六九等。在对他人工作的认识上,也存在这样的观念,很多人把他人的工作做高低贵贱之分。尊重他人,我们必须尊重他人的工作,不能因工作种类不同而讽刺、鄙夷、取笑他人。

四、要尊重别人的爱好

爱好是多样化的,大家的爱好各不相同,我们不能因为自己喜欢而强迫他人也必须喜欢,更不能因为不理解他人的爱好而诋毁他人。

你认为尊重他人还需要注意什么呢?

第四节 学会赞美

孟子曾说:"爱人者,人恒爱之;敬人者,人恒敬之。"一个人与别人交往时,如果能很好地理解别人,体贴别人,尊重别人,那么他一定会得到别人加倍的理解和尊重。如果他去嘲笑、挖苦、羞辱别人,不仅贬低了自己的人格,也失去了别人对他的尊重,甚至会给自己带来灾祸。因此学会赞美他人是我们建立良好人际关系的一个重要法则。人人都有渴望别人赞赏的心理。可是,我们在渴望得到赞美的同时,却往往忽视了对方的这种需求,这又使得自己渴求赞赏的心理很难获得满足。因此,在人际交往中,只有努力增加对对方的关心和称赞,才能赢得对方相应的回报。

一、赞美的注意事项

(一) 赞美不是客气话

说话恭恭敬敬,对人客客气气,这是人的一大美德。但若毫无原则地赞美他人,对人过度的客气,那就会流于形式、流于虚伪了。

例如,有人替你做了一件小小的事,比如借了一支笔给你用,对他说"谢谢"就可以了,如果说"啊,谢谢你,实在是太感动了,真让我觉得过意不去……"等一大串客套说辞,那谁听了也不会觉得你是在真心感谢他。

朋友初次见面,可以谈一些客套话,但第二次、第三次见面就尽量少用客套话。像"阁下""府上"之类的词如果一直对人使用下去,那真挚的友谊就很难建立起来。如果我们在日常交谈中,开口即使用"久仰大名,如雷贯耳""请多多指教"等缺乏感情的,完全公式化的赞美话,则又刻板、又古老,不能引起听者的好感。过分的客气话,恰似横阻在双方之间的一堵墙,如果不搬走这堵墙,人们只能隔着它做极简单的敷衍酬答而已。

(二) 赞美不等于拍马屁

真诚的赞美和"拍马屁"不同,弄清楚这个问题,会使那些不愿赞美他人者"赞口常开"。真诚的赞美和"拍马屁"最大的区别在于是否发自内心。真诚的赞美起源于内心深处的一种"美感",一种冲动,它反映了一个人对另一个人的认可。

但是"拍马屁"却不同,它不是发自内心世界的对另一个人的认可和钦佩,而是基于内心世界早已存在的一种目的,一种对眼前或者日后的能够收到"回报"的投资。"拍马屁"者在"赞美"他人的时候,脸上虽然眉飞色舞,他的词语是火辣辣的,但他的内心却一片冰冷。他在赞美一个人的时候,心里想着的是如何顺利办完对自己有利的事,如何获得自我满足。

第六章 尊重他人 学会赞美

真诚的赞美和"拍马屁"的另一个区别是,真诚的赞美是实事求是、有理有据的赞,而"拍马屁"则是凭空捏造、无理无据的捧。

二、赞美他人的艺术

赞美是人际交往的"润滑剂",如何在人际交往中适当地赞美他人是一个人社交成功的关键之一。

(一)赞美必须真诚

真正的赞美绝不是虚伪的敷衍。比如,朋友把事情搞糟了,你却"不失时机"地赞美道:"你做得真好,我还做不到那个样子呢。"这个时候,你的朋友会有被赞美的"美妙感觉"吗?

(二)赞美要雪中送炭

最有实效的赞美不是"锦上添花",而应是"雪中送炭"。最需要赞美的人不是早已美名天下扬的人,而是那些自卑感很强的人,尤其是其中被错当成"丑小鸭"的"白天鹅"。像这种人平常很难听到别人的赞美,一旦被人当众真诚地赞美,就有可能自尊心、自信心倍增,精神面貌焕然一新。

这种赞美,为这类人进一步地开发他自己潜在的智慧与力量开辟了一个新领域,有助于他们在事业上更上一层楼。

(三)赞美要别具一格

称赞别人的时候,不要夸奖对方那些他远比你知道得更清楚的优点,而要注意他尚缺乏自信之处,这种称赞才会更令对方愉快。否则,你的赞美一定不能打动他的心灵,还要学会欣赏对方那些不为别人所知道,但却是他自以为得意的事情去赞美。比如,对于一名知名教授,你不必赞美他取得的各种优秀成果,假如你称赞他的目光很睿智,反而使他备受感动。这是你的赞美别出心裁的效果。

(四)赞美要具体化

我们经常看到有人在称赞别人的时候所表现出来的漫不经心:"你这篇文章写得蛮好。""你这件衣服好看。"这种空洞的赞美并不能使对方感到高兴,有时甚至会由于你这种敷衍、不尊重而引起对方的反感。因此,称赞别人要尽可能具体些。例如,上面两句话可以分别这样说:"你这篇文章写得好。特别是后面的那个问题很有新意,这个问题还没有被人提到过,我看了很受启发。""你这件衣服很好看,款式特别适合你的气质。"这种具体而又充满了真诚的赞美能使对方愉快地接受。再比如,如果你仅仅笼统地说"你这人真好"就不易令人感动。如果你能列举一些具体事实,分析一些道理,并和其他人进行比较,便会使人印象深刻,使他本人和他人都心悦诚服。例如,你听到朋友的演讲后,觉得他讲得很好,但如果只是笼统地说"你讲得好",别人会觉得你在敷衍,如果你这样说:"你讲得太好了!我都感动得掉眼泪了,让我觉得自己就是故事中那个人……"别人就会感到你这是出自真诚的赞美,因为你不仅称赞了他演讲的技巧,而且还道出了演讲给你的真切感受。

真诚而友善地赞美别人,是一种修养,是一种美德,是一种良好的心态,是一种高尚的境界,更是构建和谐人际关系的必备素质。赠人玫瑰,手留余香,何乐而不为呢?

 课后延伸

结合自己的实际情况,谈谈在大学生活中与同学、室友相处,你是如何运用语言的魅力做到尊重他人的。

 经典诵读

敬人者,人恒敬之。
【出处】:《孟子·离娄下》
【释义】:尊敬别人的人,别人也会尊敬他。
【解读】:要想赢得他人的尊重,首先要尊重他人。在日常生活中,我们尊重他人就要做到:尊重他人的人格;尊重他人的劳动;对他人有礼貌,不做伤害他人自尊心的事;要欣赏他人,善待他人,从内心接纳他人。

第七章

学会换位思考

换位思考是一个人对他人的一种心理体验过程。将心比心、设身处地是达成理解不可缺少的心理机制。它客观上要求我们将自己的内心世界，如情感体验、思维方式等与对方联系起来，站在对方的立场上体验和思考问题，从而与对方在情感上得到沟通，为增进理解奠定基础。它既是一种理解，也是一种关爱！

课堂导读

宾馆、酒店的电梯里常会有一面大镜子，有的人说那是为了扩大视觉效果，有的人说是为了让客人整理形象……那你认为这些镜子的作用是什么呢？

第一节　何谓换位思考

换位思考，是设身处地地为他人着想，即想人所想、理解至上的一种处理人际关系的思考方式。人与人之间要互相理解、信任，并且要学会换位思考，这是人与人之间交往的基础。

一、读一读，谈谈你的感想

罗斯福当海军助理部长时，有一天一位好友来访。谈话间朋友问及海军在加勒比海某岛建立基地的事。

"我只要你告诉我，"他的朋友说，"我所听到的有关基地的传闻是否确有其事。"这位朋友要打听的事在当时是不便公开的，但既是好朋友相求，那又该如何拒绝呢？

只见罗斯福望了望四周，然后压低嗓子向朋友问道："你能对不便外传的事情保密吗？"

"能。"好友急切地回答。

"那么，"罗斯福微笑着说，"我也能。"

二、谈一谈，讨论以下事例

车外淅淅沥沥，秋风瑟瑟。车靠站上来了一位时髦的女孩儿，她走近一个座位打量了一番，皱起眉头面露不悦，嘴里喃喃自语。原来那个座位上不知哪位乘客不注意滴了几滴水弄湿了椅面，她重新选了一个空着的双人座位。入座时随手把她那滴着水的雨伞放在了旁边的座位上……

课堂思考

1. 从第一则小故事中，你读懂了什么？
2. 如果第二则故事中的主人公是你，你会怎么做？如果你是车上的乘客，你又会怎么做？

第二节　换位思考的重要性

换位思考是融洽人与人之间关系的最佳润滑剂。人们都有这样一个重要特点：即总是站在自己的角度去思考问题。假如我们能换一个角度，总是站在他人的立场上去思考问题，会得出怎样的结果呢？最终的结果就是多了一些理解和宽容，改善和拉近了人与人之间的关系，这一切都是从换位思考做起的。宽容这一美德，也开始于换位思考。在一个团队之中，只有换位思考，才可能增强凝聚力。对于一个管理者来说，换位思考的能力是能否成功进行管理的一个重要因素。

一、生活换位思考，珍惜才配拥有

有一天，牧人将猪从畜栏里提了出去，只听猪大声号叫，强烈地反抗。绵羊和奶牛讨厌它的号叫，于是抱怨道："我们经常被牧人捉去，都没像你这样大呼小叫的。"猪听了回应道："捉你们和捉我完全是两回事，他捉你们，只是要你们的毛和乳汁，但是捉我，却是要我的命啊！"

人生在世，各有各的生活，也各有各的艰辛。立场不同，所处的环境也不同，所以很难做到感同身受。生活本来就不容易。当你觉得容易的时候，肯定是有人在替你承担着那份不容易。生活经常换位思考，珍惜才配拥有。《了不起的盖茨比》里有一句话说得很好："在你想要评判别人之前，要知道很多人的处境并不如你。"

因此，对于他人的失意、挫折和伤痛，要将心比心，以一颗宽容的心去了解和关心，才是作为人，最适当的活法。

二、位置换位思考，尊重别人就是尊重自己

下面的图你看到的是6，还是9，关键在于我们所处的位置。你用什么角度去看待这个事物，看法截然不同，得到的结果也截然不同！

有这么一个故事：

闻名于世的励志成功大师拿破仑·希尔，某一年需要聘请一位秘书，于是在几家报刊上刊登了招聘广告，结果应聘的信件如雪片般飞来。

但这些信件大多如出一辙，比如第一句话几乎都喜欢这样开头：

"我看到您在报纸上的招聘秘书的广告，我希望可以应征到这个职位。"

"我今年某某岁，毕业于某某学校，我如果能荣幸被您选中，一定兢兢业业。"

拿破仑·希尔对此很失望，正琢磨着是否放弃这次招聘计划时，一封信件给了他全新的希冀，认定秘书人选非信主人莫属。

她的信是这样写的：

"敬启者：您所刊登的广告一定会引来成百乃至上千封求职信，而我相信您的工作一定特别繁忙，根本没有足够时间来认真阅读。

"因此，您只需轻轻拨一下这个电话，我很乐意过来帮助您整理信件，以节省您宝贵的时间。

"您丝毫不必怀疑我的工作能力与质量，因为我已经有十五年的秘书工作经验。"

后来，拿破仑·希尔说："懂得换位思考，能真正站在他人的立场上看待问题、考虑问题，并能切实帮助他人解决问题，这个世界就是你的。"

三、想法换位思考，理解方会感恩

一人请一个盲人朋友吃饭，吃得很晚，盲人说很晚了我要回去了。

主人就给他点了一个灯笼，他就很生气地说："我本来就看不见，你还给我一个灯笼，这不是嘲笑我吗?"

主人说："因为我在乎你才给你点个灯笼，你看不见，别人看得见，这样你走在黑夜里就不怕别人撞到你了。"盲人很感动。

每一件事，从不同的角度去看，就会有不同的见解。见解不同，结果自然也会不一样。

尝试着理解别人的想法，把视野放宽一些，把烦心事抛得远一些。试着换位思考，多替别人着想，理解别人的无奈，感恩自己的幸运，可能你才会觉得豁然开朗：世界原来如此美丽！换个思路，换种活法，人生或许会有不一样的风景。生老病死乃是人间常事。在生命存在的过程中，不如意、不顺心常有，心情也容易郁闷和惆怅。

一旦遇到不开心的事，不妨调整自己的心态，换个角度，才能看见不一样的风景。

 **课堂思考**

在你和亲人、朋友或同学闹矛盾的时候，你是如何处理的？

第三节　如何做到换位思考

作为人际交流中维护正常关系的一种手段，换位思考具有极为重要的作用。通过换位思考，我们能从他人的角度出发来想问题，以及了解他人的难处和困惑之处，从而就可以更加理性地做出正确的判断，及时有效地化解矛盾。当有人冒犯你时，当有人做了让你很不开心的事情时，你都可以换位思考一下，然后再做出理性的抉择。那么，我们如何才能做到换位思考呢？也许下面的方法可以帮助你来解答这个问题。

一、己所不欲，勿施于人

苏东坡是北宋时期著名的书画家、文学家、词人、诗人，也是唐宋八大家之一。

有一天，他和佛印禅师学习坐禅。开始时倒没什么，不一会儿就觉得无聊了。

再看看对方，却是坐得稳稳的，神情极其平静，一心念经。忽然之间，一个奇怪的想法跃入了苏东坡的脑海。他想知道有什么事情可以激怒大师。

于是，苏东坡打破安静，问禅师："我打坐的形状像什么？"

禅师回答："像是一尊佛。"随后禅师又反过来问东坡："我打坐像什么？"

东坡想要激怒禅师，故意说："一堆牛粪。"

可是禅师并没有表现出一丝的生气，还是很平静。

苏东坡回家之后，高兴地告诉苏小妹："今天坐禅的时候，我占了禅师的便宜，他看我打坐像是佛，我看他像是牛粪。"

小妹听了哈哈大笑说："你才是那个被占便宜的人呢，你自己骂了你自己。心中有佛的人看别人是佛，心中有牛粪的人看别人才是牛粪。"此时，苏东坡才恍然大悟。

由此可见，以己度人的思维方式有时会出笑话，但是正面的"以己度人"则具有积极的意义，也就是"己所不欲，勿施于人"，要通过换位思考去看事情。

二、严于律己，宽以待人

我们生活在社会这个大集体中，每时每刻都要同周围的各种人和事物打交道，只有顾大局、识大体，不计较个人得失，严格要求自己，宽以待人，才能使我们的社会真正和谐。古人云："律己宜带秋风，处世宜带春风。"意思就是说，要求自己须如秋风一般严厉，与人相处要像春风般温暖和煦。《增广贤文》又曰："以责人之心责己，以恕己之心恕人。"它劝诫人们对人要宽，对己要严；不计较他人，不放纵自己。

对己严、对人宽是处理好人际关系必不可少的原则。严于律己就是要高标准严格要求自

第七章　学会换位思考

己，时时注意不要去伤害别人，出现问题时主动承担责任，发生口角时主动进行自我批评，大事当前把方便让给别人，有困难力争靠自己的力量来解决。宽以待人就是要能够忍受各种误会和委屈而毫无怨恨之心，以德报怨，而不计较别人以怨报德。

　　严于律己、宽以待人的态度，是人际交往中的"润滑剂"，宽容是中华民族的传统美德，也是当代人必备的道德品质。中国有句古话："海纳百川，有容乃大。"法国文学家雨果则说："世界上最宽阔的是海洋，比海洋宽阔的是天空，比天空更广阔的是人的胸怀。"

　　古代有位老禅师，一天晚上在禅院散步，发现墙角有一张椅子，知道晚上一定有人不顾寺规越墙出去游玩了。老禅师搬开椅子，蹲在原地观察。不久，一位小和尚翻墙而入，在黑暗中踩着老禅师的后背跳进了院子。当他落地的时候才发现踩的不是椅子而是自己的师父，不由得惊慌失措。但老禅师并没有厉声责备他，只是以平静的语调说："夜深天凉，快去穿件衣服。"小和尚感激涕零，回去后告诉其他师兄弟，从此再也没有人夜里越墙出去闲逛了。

　　宽容是对人对事的包容和接纳。宽容待人就是在心理上接纳别人，理解别人的处世方法，尊重别人的处世原则。我们在接受别人的长处时，也要接受别人的短处、缺点和错误。总之，要能容人。

　　有一年，霍金夫妇共同的好友菲丽帕生病住院，霍金便携妻子去医院看望。谁知道在病房门口，霍金夫人却被拦了下来，医护人员告诉她说，菲丽帕现在只想见霍金，其他人谁也不想见。霍金夫人一个人落寞地坐在医院走廊里的长凳上，满腹委屈与难堪。她努力控制着情绪，在病房外足足等候了两个多小时，后来竟不知不觉睡着了。

　　菲丽帕和霍金结束谈话后，两人边说边笑地走出病房，发现霍金夫人正斜靠在冰冷的长凳上，微闭着眼睛打盹儿。菲丽帕赶紧摇醒霍金夫人，连连道歉，霍金夫人却说："你突然生了病，心情肯定烦闷苦恼，我和霍金来探望你，就是希望你能恢复好心情。你只愿意见霍金，肯定有你的道理，我并没有怪你啊！"

　　霍金夫人这么一说，菲丽帕更加惭愧了，不由激动地说道："有你这样一位善解人意的好朋友，真是我最大的幸运！"

　　有许多事情，当你打算用愤恨去实现或解决时，你不妨用宽容去试一下，或许它能帮你实现目标，解决矛盾，化干戈为玉帛。切忌得理不饶人，而要得饶人处且饶人。相信在你的宽容中，我们的社会将会变得更加和谐，更加美好；我们的生活将会变得更加轻松，更加快乐。

三、将心比心

　　某市城管与小贩发生争执，一片混乱中，小贩不慎重伤城管，一时引起轩然大波。在法庭上，为小贩辩护的律师这样说道："自古以来，就有贩夫走卒、引车卖浆者流，这是一份正当的职业。我的当事人一直生活在社会底层，为了养家糊口，不得不从事这份在人们眼中卑微无比的工作。我恳请大家将心比心地想一想，如果一个赖以生存的饭碗被打碎，被逼上绝路的时候，在那样一片混乱的情况中，难道你们会比我的当事人更加理智冷静吗？我们的法律是为了保护共同的幸福，而不是为了将他们推入这种两难的境地……"

　　律师的话引起众人一片默然，大家都陷入了沉思之中。

人和人是平等的，我们并不比别人高贵，别人也不比我们低贱。我们不妨将心比心，把自己放在别人的角度去考虑问题。

四、推己及人

在古代历史上，有过众多的推己及人的先贤，治水的大禹就是其中一个。大禹接受治水任务时，刚刚和涂山氏的一个姑娘结婚。当他想到有人被水淹死时，心里就像自己的亲人被淹死一样痛苦、不安。于是他告别了妻子，率领27万治水群众，夜以继日地进行疏导洪水的工作。在治水过程中，大禹三过家门而不入。经过13年的奋战，疏通了九条大河，使洪水流入了大海，消除了水患。

到了战国时候，有个叫白圭的人跟孟子谈起这件事，他夸口说："如果让我来治水，一定能比禹做得更好。只要我把河道疏通，让洪水流到邻近的国家去就行了，那不是省事得多吗？"孟子很不客气地对他说："你错了！你把邻国作为聚水的地方，结果将使洪水倒流回来，造成更大的灾害。有仁德的人，是不会这样做的。"从大禹治水和白圭谈治水这两个故事来看，白圭只为自己着想，不为别人着想，这样是难免要害人害己的。

五、不以自我为中心

团队合作的时候，前辈会告诉我们，不要说"我是第一"，而要说"我们是第一"；不要说"我付出了多少努力"，而要说"我们并肩作战，一起走到如今"。这个道理同样适用于人际交往。生活中总有一些人，习惯将"我"字挂在嘴边，他们总以自我为中心，做什么事情都围绕着自己的利益来进行。也许他们自己都没有意识到，他们是那样的自私，总是希望别人为他做出牺牲。有些人向来有一套"双重标准"，享受权利的时候强调自己是集体的一分子，需要尽义务的时候却枉顾集体利益。

小A考上大学后总是独来独往，班上没有一个她玩得来的朋友，一个宿舍的室友们也总是若有若无地疏远她。10月份学校给进入大学的新生安排了一次心理普查，小A的分数偏离正常值太多，被心理健康教育指导中心的咨询师叫到了办公室。

经过一系列的询问，小A终于打开了心扉，她滔滔不绝地说着自己的烦恼与孤独，抑郁和愤怒。咨询师敏锐地发现，小A是典型的"自我型人格"。他尝试着向小A提出自己的看法，但她反应很激烈，认为咨询师的判断与自己的心理根本不符合。咨询师安慰小A，轻言细语道："小A，难道你没有发现你话语中的'我'出现的频率实在是很高吗？你有多久没说'我们'了？你太敏感、太偏执，所以身边的人才会不自觉地疏远你，因为你永远只关注你自己啊……"

小A沉默不语，咨询师为小A制订了一系列的心理辅导计划，在他们的共同努力下，小A终于告别了那个过分关注自己的敏感小孩……

每个人都希望被重视，被关注，但是我们应该将更多的目光放在别人身上，及时维护他人的自尊心，积极汲取他人身上的养分，不以自我为中心，多站在他人的角度思考问题，只有这样我们才能在人际交往中游刃有余，变得越来越受欢迎。

 课后延伸

结合自己的实际情况谈谈在大学生活中,我们需要在哪些方面多多换位思考。

 经典诵读

躬自厚而薄责于人,则远怨矣。
【出处】:《论语·卫灵公》
【释义】:多责备自己而少责备别人,那就可以避免别人的怨恨了。
【解读】:《论语》中多有这种平淡而符合生活逻辑的生活格言,黑格尔嘲笑为不够哲学,殊不知这正是中国实用理性精神的特点。它必须体现在许多"以实事程实功"的实践行为,而不求如何高妙抽象的思辨体系,因为那并不解决生活中具体问题和现实疑难。

第八章

保持自我　倾听他人

在多重的人际关系中，说与听是联结并维系双向关系的重要纽带。伤害我们最深的，莫过于我们在乎的人没有真正倾听我们说话。不管年纪多大，我们需要被了解的感受是一直存在的。如果你在说话时，没有人听，你便无法满足传递想法与表达情感的目的，心中就会产生一种被拒绝、被忽视的挫败感。

课堂导读

观看10分钟综艺节目《鲁豫有约》，思考主持人鲁豫在倾听的时候，有哪些地方值得我们学习？

第一节　倾听的内涵

区分"听"与"倾听"很重要。听形容的是一个物理感觉过程，通过耳朵接受外界的声音刺激并将信息传递给大脑。而倾听，则是一种更为复杂的心理过程，是对听觉过程重要性的解释和领悟。换句话说就是：我在听某人说话，但我没有用心去倾听。你也许会说："我的朋友会倾听我说的话，而我的父母只是听到了我在说话。"

一、何谓倾听

乔·吉拉德是世界上伟大的销售员，连续12年荣登吉尼斯世界纪录大全世界销售第一的宝座，他所保持的世界汽车销售纪录——连续12年平均每天销售6辆车，至今无人能破。但曾经也有这样一件事，令乔·吉拉德终生难忘。在一次推销中，乔·吉拉德与客户洽谈顺利，可是即将签约成交时，对方却突然变了卦。

当天晚上，乔·吉拉德对成交失败的原因百思不得其解，就致电那位客户询问。客户见他很有诚意，就实话实说："因为你没有自始至终听我讲话。就在我准备签约前，我和你说起我的独生子即将上大学，提到他的运动成绩和他将来的抱负，我以他为荣。但是，你当时却毫不理会地和别人讲话，我一恼就改变主意了！"

此番话深刻地提醒了乔·吉拉德，使他在一瞬间领悟到了倾听的重要性，让他认识到如果不能自始至终倾听对方讲话的内容，认同顾客的心理感受，就会在顷刻间失去自己的顾客。后来，乔·吉拉德经常说："有两种力量非常伟大，一是倾听，二是微笑。上帝为何给我们两个耳朵一张嘴？意思就是让我们多听少说！"

你是否有过这样的经历?你正和一个人在谈话,而他似乎完全没有在意你在说什么,你有些恼火:"你有没有在听!"他反驳道:"哦,不,我在听!"于是他一字一句地重复你刚才对他说的内容。确实,他听得很真切,但他并没有倾听。他并不理解你试图传递的内涵。或许我们都有过类似的经历,会为某个并没有认真倾听并理解自己的人而郁闷。

二、小测验:你是多好的倾听者

为了协助你更清楚自己的倾听习惯,请完成下列问卷。诚实回答每道问题。由于倾听习惯会因为对象不同而有差异,因此先想一个跟自己有关的特定人士,然后再回答这些问题。你也许会想做两次测验,第一次以家中成员为对象,另一个以朋友或同事为对象。当回答下列问题的时候,可以用 1 表示"从不",2 表示"有时候",3 表示"时常",4 表示"总是如此"。

(　) 1. 让别人觉得你对他们及他们所说的感兴趣。
(　) 2. 在别人讲话时,会思考自己想说些什么。
(　) 3. 在你提供意见之前,会注意到说话者所说的内容。
(　) 4. 在别人还没说完之前就插嘴。
(　) 5. 允许别人抱怨而不与之争论。
(　) 6. 在被询问之前就提供忠告。
(　) 7. 专心想了解对方要说的是什么,而不单是响应他们使用的字句。
(　) 8. 分享自己类似的经验,而不是请对方说得更详细一点。
(　) 9. 让别人告诉你许多有关他们的故事。
(　) 10. 在对方还没有说完之前,就假设自己知道对方要说的内容。
(　) 11. 会重述内容或指令,以确定你的理解是正确的。
(　) 12. 判断谁说的话值得听或不值得听。
(　) 13. 努力聚焦说话者,也企图了解他要说的是什么。
(　) 14. 在对方开始无目的地闲聊时就漫不经心,而不会试着投入,让对话更有趣。
(　) 15. 不防卫地接受批判。
(　) 16. 认为倾听是本能,不是需要努力才能获得的技巧。
(　) 17. 主动努力了解对方所说的,了解他们对事情的看法或感受又是如何。
(　) 18. 假装在听,事实却不然。
(　) 19. 尊重对方所要说的。
(　) 20. 觉得听别人抱怨很烦。
(　) 21. 运用有效的提问邀请对方说出想法。
(　) 22. 在别人说话时会提出不相关的评论。
(　) 23. 认为别人视你为好的听者。
(　) 24. 告诉别人你知道他们的感受。
(　) 25. 在某人对你生气时可以保持冷静。

计分

单号题答"总是如此"4 分;"时常"3 分;"有时候"2 分;"从不"1 分。双号题则反向计分,"从不"4 分;"有时候"3 分;"时常"2 分;"总是如此"1 分。

85~96分，优；73~84分，标准以上；61~72分，标准；49~60分，标准以下；24~48分，劣。

如果你在测试中得到高分，恭喜你！如果你的分数不理想，一次挑一个坏习惯，练习让对方可以完整说话，然后在你说出自己的想法之前，让他们知道你认为他们说了什么。只要做到这点，就会让你受益无穷。

 课堂思考

在接下来的几天里，挑出一些对你来说是很重要的关系，试着指出让你倾听受阻的两三件事。普通的干扰包括：心里在想别的事，想的同时做两件事，对说话的人有负面看法（"他老是抱怨"），对主题不感兴趣，想说些关于自己的事，想给忠告，想分享类似的经验，或喜欢批判人。一旦你认出两个或三个坏习惯，以一周时间练习以减少其中一个坏习惯，但只在你认为是重要的对话中练习。

第二节 倾听的重要性

一旦你能说出自己心中所想，有人听见，有人知道了，你就觉得很轻松了，仿佛身上的某个痛处突然消失了。如果这种流程很快能获得解决，就像每天跟人的对话一样，你也许不会察觉有被了解的需要。但是你觉得别人没有听到你说话的那种失望，以及你等待与期望对方能听到的那种紧张感觉，就说明了被倾听是多么重要的事。当我们可以把心里的话说出来让别人听见、可以与别人沟通或分享时，我们就知道被忽视与沉默是很痛苦的，而说出来就是试着减轻那份痛苦。

一、倾听让我们少受伤害

你听见我说话了吗？

"他希望我能听听他的困难，可是他对我的困难似乎漠不关心！"

"他从来不跟我说话！我唯一一次知道他发生了什么事，竟然是在他告诉别人的时候不小心听见的。他为什么从来不对我说这些？"

妻子抱怨丈夫把她所做的一切视为理所当然，丈夫抱怨妻子唠叨、聒噪，说话没有重点。

父母抱怨孩子不听话，孩子抱怨父母忙着责怪或说教，没时间听他们的故事。即使是平常可以分享、互相信任的朋友，也因太忙了而没空听彼此说话。有时，我们在私人场合不能得到同情或理解，也就不会期待在公众场合得到别人的尊重和注意。我们需要被人听到的这个权利往往不经意地受到侵犯。当你打电话告诉父母，你刚赢得的一项荣誉，他们好像不是真的感兴趣，你觉得好泄气，也觉得自己有点愚蠢——自己感到高兴就好了，为何要期待别人的赞美！就和没有被人听见的感觉是一样的，当你因某个特殊的事件感到兴奋，而一个对你而言很特殊、你认为很在乎你的人却没有听进去，是一件很痛苦的事！

二、倾听滋养自我的价值

倾听有两个目的：一是吸收信息，一是作为某人经验的见证。倾听者暂时淡出他自己的参考框架，进入我们的经验世界，那个人不仅听进了我们所说的话，还予以肯定——这种肯定对维护我们的自尊是很重要的。如果感觉没有被对方听到，我们就会把自己关在自己心中的孤城里。

某天，当你遇到一件让你感到很糟心的事情（如：你为一次社团活动花费了大把时间做好了详细的策划，但指导老师却根本不仔细看），你等不及想要告诉你最亲近的人，但这个人却因为其他事脱不开身，你渴望诉说的这种想法被无情切断，于是你会觉得挫败，甚至觉得自己无能。

你为什么会这么依赖那位亲近的人？为什么不能控制自己的情绪？那是因为你缺乏安全感，如果你自己更有自信，就不会那么依赖他人的响应，这其实是很正常的现象。需要别人有所反应，会让我们相信：只要自己够坚强，就不会那么需要别人了，那么别人也不会让我们这么失望。"被倾听"会协助我们在有安全感的情况下成长，如同其他生物一样，人类需要养分来变得坚强，需要用养分来维持体力及活力。被他人了解自己的需要，是滋养人心的养料。

三、被倾听意味着被重视

在我们的生活中，若没有足够的同情或了解，我们就会被一种无形的不自在所笼罩，让我们觉得焦躁又孤独，那种感觉很难忍受，于是我们就用被动的逃避方式寻求慰藉，坐在电视机前看肥皂剧，看卡通片，或躲在充满刺激生活的流行小说世界里。当然轻松一下没什么不对，但是我们为什么明知节目不好看，却仍然打开电视机呢？为什么不把车上的收音机打开，我们就觉得不自在？即使收音机只是发出嘈杂的声音而已？

我们通常会把被动的逃避方式与缓解压力联系在一起。许多人在接近一天尾声时，觉得精疲力竭，也许不是因为工作或学习过劳让我们疲惫，而是我们的生活中缺乏了解所致。没有被倾听，让我们觉得被忽视，不被欣赏，而成了一个孤单的人。

被倾听就是被重视，它满足了我们自我表达及与他人沟通联系的需要。悦纳的倾听者容许我们表达自己的所思所感；他人的倾听与注意协助我们在肯定自己的过程中，厘清我们的思绪和感受。

 课堂思考

记得上一回有件很棒的事发生时，你当时等着要告诉某个人的情景吗？那时你选了谁？事情经过如何？

第三节　倾听的技巧

据一项统计显示，一个普通人，在他一天清醒的时间里，有近一半的时间花费在"听"

这种行为上，因此，倾听的有效性显得尤为重要。要成为一位好的倾听者，你必须保持好的精神状态，全神贯注地倾听，注意观察对方，适时适当地回应对方，抓重点，忌漫无边际地听。

一、保持好的精神状态，全神贯注倾听

倾听的时候首先要有一个好的精神状态，如果在谈话的过程中，倾听者神思萎靡，精神涣散，那肯定达不到倾听的效果，后续的谈话也就无从改善，反而给说话者以"鸡同鸭讲"的感觉。因此倾听时需要集中精力，保持大脑的警惕，聚精会神听取对方的谈话。

有的人会因为遇到外部压力，或者只是为了宣泄自己的不快而诉说。在这样的场景中，我们要知道对方只是在宣泄他们的情绪，他们并不需要倾听者给出合理的建议或意见。这时候倾听者需要做的就是认真地听，可以不失时机地以"嗯、啊"来回应说话者，表现出你对他说的话很关注、很支持就行，千万不能表现出不耐烦的感觉，那是对对方的不尊重。

如果一个人在完全迷茫的情况下对你诉说，那你要明白，他可能是想通过诉说来向你求助。这时候，你就要适当地给他一些建议或者提供一些解决方法帮他树立自信心。

小贴士：★专注于对方所说的。
（1）把让自己分心的事搁在一边。
（2）将自己要说的暂时搁置。
（3）尽量不要打岔。如果要打岔，应该是鼓励对方说更多。

二、注意观察对方，适时适当地回应对方

在倾听的过程中一定要注意观察对方，也就是要注意对方话语背后的情感，能够了解和接受对方的这种情感，并且能够设身处地为对方着想，只有观察到了对方的真情实感，你的倾听才是有意义的。

倾听的时候要适当地回应对方，一个姿态、一个表情、一个很短的感叹词、微笑、点头，都能拉近和说话者的距离。适当地提问也是保持良好沟通的手段，它能鼓励说话者将谈话继续下去。

必要的时候也可以沉默。当对方情绪激动时，要耐心沉默着听他把话说完。但是我们要的不是那种故作深沉的沉默，沉默与语言相辅相成才能取得良好的效果。如果需要插话，也要在说话者情绪转好后说一两句，在谈话结束时也可以给予适当的回应。

适当的回应是对说话者的尊重，也是双方情感交流所必要的，能为以后的谈话奠定基础。

小贴士：★让说者知道你了解。
（1）利用沉默、再保证与重述技巧。
（2）提供共情的评语。
（3）使用开放性陈述（如："所以呢""再多说一点"），不要使用封闭式陈述（如："的确是""没错"）。

三、抓重点，忌漫无边际地听

倾听中也要学会抓重点，不要沉溺于对方细枝末节的陈述中，分辨出对方说话的主要意

思，这样才能更好地了解对方的意图。在合适的时候，我们可以抓住关联词对对方进行引导，比如"然后呢""什么时候"等。

美国一位知名主持人林克莱特有一次采访一位小朋友。当时，林克莱特问他："你长大后的梦想是什么呢？"小朋友脱口而出："我要做一名出色的飞行员。"林克莱特继续问："如果有一天，你的飞机出了事故，引擎熄灭了，你会怎么办？"小朋友咬着牙沉默了几秒，然后坚定地说："我让大家系好安全带，然后我再带着降落伞跑出去。"小朋友话音刚落，全场哄堂大笑，但林克莱特仍注视着小朋友，因为他看到这个孩子脸带泪痕，意识到他还有话要讲，便问他："为什么呢？"小朋友认真地说："我要去拿燃料，我还要回来的！"

林克莱特听出了小朋友弃机跳伞背后的另一层意思，可生活中是不是有很多人在别人话还没讲完时就下了一个错误的结论呢？犯下这种错误就是因为我们没有耐心听完对方的话语，如果在这个时候就得出一个结论，很有可能断章取义，让谈话的结果走向相反的方向。

小贴士：★试着抓住说话者要表达的重点。
（1）不要针对字面上的意义做反应，而是听到字面底下所隐藏的想法和感受。
（2）试着让自己设身处地去感受。
（3）试着了解对方要说的。

课堂思考

你学会如何倾听别人了吗？认识到倾听对于自己和他人的重要性了吗？谈一谈你的心得。

课后延伸

通过一堂课的学习，请同学们总结一下好的倾听者都应具备哪些特征。

经典诵读

兼听则明，偏信则暗。
【出处】：宋·宋祁 欧阳修等《新唐书·魏征传》
【释义】：意谓听取多方面的意见，才能明辨是非；听信单方面的话，就分不清是非。
【解读】：生活中，我们只有全面听取意见，才能正确地对待事物，从而做出正确的判断。

社会实践篇

第九章

志 愿 精 神

志愿精神是公共价值和人生态度的体现，也是个人价值观的表现，具有自愿性，是一种不为私利的精神。这种精神的匮乏是大学生志愿者志愿行动连续性不够的深层原因。培养大学生志愿精神的意义不仅在于推动中国志愿服务向前发展的现实需要，更重要的是使志愿服务成为我们今后可能选择的一种生活方式，进而改善社会生存环境和推动公民社会的建设进程。

 课堂导读

"您好！我是奥运志愿者，请问您需要什么帮助？"奥运期间，在熙熙攘攘的沈阳站候车大厅，每天都能听到一名嗓音嘶哑的小伙子在不断重复着这句话，他就是闻名全国的奥运志愿者——赵连鹏。

说到他的志愿者事迹，那可是相当具有传奇色彩。

说他传奇，是因为他俨然是一位"职业"志愿者。赵连鹏今年35岁，无偿献血已有10年历史了，每隔28天就要去沈阳中心血站捐献一次机采血小板。在他的影响和带领下，周围很多亲朋好友都加入了无偿献血的队伍，组成了一个无偿献血"亲友团"。

"5·12"大地震震动了全国，也震碎了赵连鹏的心。为安心到四川救灾，他毅然辞去待遇优厚的工作，参加了辽宁省红十字会组织的赴灾区救援活动，历经9天圆满完成任务。

仅仅几个月后，奥运会来了。他又顶着烈日继续为奥运安保奉献着爱心。每当有记者想采访他时，赵连鹏总是露出憨厚的笑容，嘶哑着嗓子说："不要采访我，我不是为了出名。"

这就是我们可爱的志愿者，在这个以爱为名的队伍中，我们模糊了彼此的身份地位，模糊了年龄，有的只是奉献的快乐、温暖的传递、信念的坚持、行动的力量。如果用心，你会发现志愿者就在你我身边。

第一节 走进志愿精神

一、了解志愿服务

志愿服务的精神概括起来是指不以获取物质报酬为目的，利用自己的时间、技能等资源，自愿为社会和他人提供服务和帮助的行为。联合国将志愿者定义为"不以利益、金钱、扬名为目的，而是为了近邻乃至世界进行贡献的活动者"，并列举了"红十字"的活动加以具体说明，认为志愿活动"超越了雇佣的范围，不求利益和回报，以各种形式为社会做贡献、尽义务，不仅对他人和社会有益，也使参加活动者自身得到了满足"。

在我国，1993 年 12 月召开的共青团十三届二中全会，提出了实施"跨世纪青年文明工程"和"跨世纪青年人才工程"，决定实施中国青年志愿者行动。大学生作为社会主义建设的生力军，是国家宝贵的人才资源，是社会中最富有朝气和活力的群体，因此大学生志愿者也成为志愿者队伍中最活跃、最积极、最集中、最具有影响力的一个群体。

二、志愿精神的由来

"志愿精神"一词起源于西方国家。基督教的慈善精神是西方志愿精神比较重要的来源之一，西方的志愿精神主要弘扬博爱的精神，在《圣经》中他们多次提到"爱人如己"。基督教教导人们不分贵贱、男女平等、每个人都是上帝的儿女，所有人应该不分你我相互用亲人的感情相处。在 17 世纪，因为英国国教的压迫，有一部分清教徒在 1620 年 9 月 16 日乘"五月花"号去往北美，在上岸前签订了《五月花号公约》，其目的旨在成立一个民众自治团体，主要内容为组织公民团体、遵循公共利益。随着时间的变化，"五月花号精神"也成为人们生活精神中的传统美德，成为《美国独立宣言》的重要组成部分。

东、西方的宗教思想都引导人们"人心向善"，陌生人之间的无偿互相帮助和行善积德之举都可以看作是志愿服务的初始或者萌芽阶段。虽然东、西方的社会形态不同，但是志愿服务作为一种精神文化的具体表现，始终在人类社会的整体进步上发挥着积极的作用。

三、志愿服务的精神

前联合国秘书长科菲·安南在"2001 国际志愿者年"启动仪式上的讲话中指出："志愿精神的核心是服务、团结的理想和共同使这个世界变得更加美好的信念。从这个意义上说，志愿精神是联合国精神的最终体现。"这句话指出了志愿精神的本质，表达了人们对志愿服务的由衷赞美。志愿服务的精神概括起来是：奉献、友爱、互助、进步。

 课堂思考

谈谈你对志愿活动的理解。

第二节　大学生志愿服务的种类

随着时代的发展，志愿服务的类型、形式变得多样化，大学生可参与志愿服务的选择也越来越多。各高校也充分意识到大学生志愿活动的重要性，精心引导和管理高校的青年志愿者活动，使青年志愿者活动的内容和形式从单一走向多元化和多样化，从集中化、短期化走向社区化、持久化。志愿服务领域和服务对象也迅速拓展，出现了大批"品牌化、长期化、基地化"的志愿服务项目。面对形式多样的大学生志愿服务活动，这里按照服务地点的不同简要分为校园服务和社会服务，并进行简单描述。

一、校园志愿服务

校园志愿服务指大学生志愿者主要集中在校园范围内，服务对象多为学校的学生及教职员工的一些非营利的公益行为。如3月学雷锋时大学里举行的学雷锋志愿服务月活动、图书馆志愿服务活动、校园文明督导员、新生咨询引导活动等。

在校园内开展志愿服务有利于让学校的广大师生更真切地感受到志愿者的奉献精神，有利于营造校园和谐、健康的氛围，有利于带动和影响周围的师生共同参与到志愿活动中来。

二、社会志愿服务

社会志愿服务主要指大学生志愿者面向社会开展的无偿公益活动。社会志愿服务将大学生志愿者直接地引入社会，让大学生亲身经历社会实践活动，在实践中了解社会、完善自我。

（一）赛会服务

赛会服务是高校开展的学生志愿活动中一种临时性的但又非常重要的志愿服务。针对赛会的志愿服务主要是解决大型社会活动暂时性服务需要。近年来，数百万名大学生志愿者为北京奥运会、上海世博会、广州亚运会、中国－东盟博览会等各类国际和国内大型赛会提供了优质高效的志愿服务，集中展示了当代大学生的崭新形象。

（二）暑假"三下乡"活动

近年来，高校学生参加社会实践活动的热情高涨，特别是每年暑假的"三下乡"活动影响和规模都在不断扩大。"三下乡"活动旨在让学生在实践活动中受教育、长才干、做贡献，让学生通过参与"三下乡"了解国情、了解社会，学到课堂上没有的东西，在实践中感受到深刻教育。只有提高"三下乡"活动的服务层次和水平，才能实实在在为地方做出贡献，才能促进"三下乡"社会实践活动进入一个学校支持、地方欢迎的良性循环中。

（三）社区志愿服务

当前，随着我国生活方式、社会组织形式和就业形式的日益多样化，越来越多的"单位人"转为"社会人"，大量退休人员、下岗失业人员和流动人员进入社区。社区志愿服务，是指志愿者深入社区，面向群众开展各项便民利民服务，面向特殊群体提供社会救助等活动。

面向社区开展志愿服务，既有利于志愿者了解社会，增长社会阅历，同时也有利于社会的和谐发展。

 课堂思考

你有参加过哪一类的志愿活动呢？有何感想？

第三节　大学生志愿服务价值

高校大学生参与志愿活动，成为一名志愿者，对于社会以及大学生本身都具有积极的影响。高校的大学生志愿服务活动如同一个广阔的舞台，为大学生提供了在奉献中肯定自我价值、实现社会价值的大好机会。大学生志愿服务的过程既是了解社会、了解人与人之间交往的过程，也是通过亲身体验磨炼自己的意志品格的过程。成为一名大学生志愿者，对于社会、个人都有着重要意义。

一、社会价值

大学生志愿服务有着巨大的社会价值。志愿服务以扶贫济困、扶弱助残为主体，在城乡发展、社区建设、抢险救灾以及大型社会活动等公益事业中推动经济发展和社会进步。大学生志愿者通过帮助他人、服务社会，加强了人与人之间的交往与关怀，消除了彼此间的疏远感，促进了社会的和谐。当前，我国社会保障制度还不是很健全，通过这些志愿活动能够弥补这些不足，尤其体现在对社会弱势群体的帮助方面，如敬老院慰问、帮助留守儿童等。另外，通过共同参与志愿活动，不同社会群体与阶层之间加强了相互了解和沟通，缓解了社会矛盾，增进了社会信任，对社会问题的消解发挥了积极作用。

二、个人价值

（一）有利于大学生思想道德素质的提升

大学生志愿服务作为践行"奉献、友爱、互助、进步"的志愿精神的主要过程，把志愿服务精神融入志愿服务的每个环节，把国家和社会对大学生的思想道德素质要求变成自己的内心信念，并将此转换成为道德行为，形成自身的道德习惯，从而变成自己内在的品质。通过志愿服务活动，奉献精神得到彰显，大学生思想道德素质进一步提高，这是超越了物质追求的，具有崇高的精神价值。

（二）有利于社会主义核心价值观的塑造

随着社会的转型，随之出现了例如个人主义、拜金主义等一些消极的价值观，影响着大学生所形成的世界观、人生观和价值观。大学生通过志愿服务把中华民族传统美德和现在的时代精神相结合，以中国特色社会主义理论为指导，帮助他人、服务社会。大学生参加志愿服务，有助于抵御社会转型中所带来的不良思潮的消极影响，塑造正确的社会主义核心价值观。

（三）有利于大学生个人能力的提高

大学生从事志愿服务不仅需要满怀热情，用真挚的爱心去开展服务活动，还需要有多种服务专业技能，能用有效的行动在志愿服务中体现个人价值。正如马克思所说"实践出真知"，大学生志愿者在参加志愿工作的过程中，将所学的知识与技能运用于实践，检验和巩固知识，发现自身不足，这对于大学生自我能力提高有着促进作用。同时，志愿行为将个体引入更丰富的社会生活，给从事志愿服务的人以有益的学习作为补偿，为志愿者提供了广泛的学习机会。

（四）有利于大学生和谐人际关系的建立

志愿服务中包含着平等、博爱的精神。这种精神让志愿者在志愿服务中爱心和友善始终贯穿于人与人之间，同时在志愿者本身的意识观念上很少对一己私利太多关注，基本是以利他的条件进行活动，在志愿活动中能够学会尊重他人，发现并学习他人的优点。通过参加志愿服务，能够促进大学生和不同群体之间的交流与合作，在和不同群体交往过程中使大学生的表达能力得以锻炼，为大学生志愿者健康和谐人际关系的建立创造了有利条件。

 课堂思考

辩论游戏

辩题：通过本堂课的学习，试着辩论下大学生志愿者活动中是能力更重要还是热情更重要。

根据课程学习分组进行志愿精神的实践，活动后每组上交实践心得。

 经典诵读

丈夫贵兼济，岂独善一身。

【出处】：唐·白居易《新制布裘》

【释义】：大丈夫看重的是兼济天下这样的使命，怎么能够独善一己之身呢？

【解读】："穷则独善其身"是说君子在不得志时，就完善自身的修养；而"岂独善一身"是说怎么能够只顾自己好呢。前者之"善"是指完善修养，后者之"善"则侧重物质享受。"丈夫贵兼济，岂独善一身"和"丈夫须兼济，岂能乐一身"，都可在规劝人们热心慈善事业、积极扶贫济困的文章中作为名句引用。

第十章

社 会 实 践

习近平同志强调:"人类的美好理想,都不可能唾手可得,都离不开筚路蓝缕、手胼足胝的艰苦奋斗。实践是提高本领的途径。"他对高校社会实践工作提供了明确的要求。因此,如何有效地开展大学生社会实践活动,已经成为高等学校教育教学工作的一项重要任务。

课堂导读

"纸上得来终觉浅,绝知此事要躬行",社会实践是青年学生成长成才的必由之路。毛泽东同志在《实践论》中指出:"人是从实践开始,经过实践得到了理论的认识,还须再回到实践去。认识的能动作用,不但表现于从感性的认识到理性的认识之能动的飞跃,更重要的还表现于从理性的认识到革命的实践这一个飞跃。"因此,大学生参与社会实践并在实践中进行正确的社会观察,不仅能弥补课堂教学模式在认识方式上的不足,还能通过社会生活的历练,帮助青年学生树立正确的社会主义核心价值观,形成坚定的中国特色社会主义理想信念。

第一节 大学生社会实践的意义

早期大学生入学前大都经历过上山下乡、招工进厂等形式的社会锻炼,亲身体验过乡村、厂矿、车间、农场的生产生活。此后,尤其是改革开放后直接从高中考入大学的"天之骄子"们,则明显存在着缺乏社会生活体验和对国情、民情知之甚少等不足,而且有着较强的优越感,表现为轻视劳动、疏离群众、趾高气扬、社会责任感淡漠、理想信念模糊、对前途迷茫而盲动。特别是面对经济全球化、价值多元化的冲击,各种西方社会思潮的涌入直接影响了一些大学生的价值取向、思想倾向和政治判断。理论研究和实践证明,大学生社会实践事关学生能否成长成才,事关经济建设和社会发展,事关国家的前途和命运。具体地说,大学生社会实践具有以下方面的现实意义:

一、有利于当代大学生深入社会实际,认识了解中国国情

大学生长期处于学校教育环境中,基本没有社会生活的经历,往往缺乏对社会的了解,缺乏实践知识和实践能力。虽然大学生胸怀投身改革开放的热情但实际动手能力却不强,拥有浓厚的参与意识但主观能动性却不强,拥有强烈的自主创新观念但却容易自尊自负。社实践活动为大学生深入基层、接触社会、提升能力提供了广阔的舞台。通过社会实践，能够使大学生全面了解社会，比较直观正确地认识和了解到国情、省情、市情、县情、乡情、村情，既为社会经济建设取得的成绩感到高兴，也为经济社会发展过程中产生的环境污染、旅游开发、适龄儿童教育等方面出现的问题而担忧，增强其社会责任感和历史使命感。通过社会实践，可以使大学生深深地感悟到中国有自己的特殊国情，每个国家有不同的发展道路，照搬别国的发展模式不可能获得成功，中国特色社会主义建设事业必须从本国的实际出发。通过社会实践，可以让大学生深入社会基层，了解社会，认识国情，体验生活，通过所见、所闻、所感进一步加深对理论知识和党的路线方针政策的理解，坚定政治方向和立场，增强历史使命感和社会责任感，树立起正确的人生观、价值观和世界观。

二、有利于提高大学生思想道德素质，增强社会责任感

（一）大学生社会实践能够坚定大学生社会主义信念

高校教育的根本任务在于培养社会主义事业的建设者和接班人，因此其首要任务应加强大学生爱国主义、集体主义、社会主义教育，帮助他们树立坚定的社会主义理想和信念。但是社会主义理想和信念教育单靠"灌输"难以让学生接受，而应该由教育者设置教育环境给受教育者以影响。在这方面社会实践恰恰表现得具体、生动，能够为大学生坚定社会主义信念产生更好的教育效果。

1. 大学生社会实践增强了大学生的社会责任感

大学生对改革抱有很高的期望，但对国情、民情缺乏实际了解，使他们不仅易以理想的眼光看待社会与人生，以书本知识简单地衡量复杂的现实生活，因而对改革的复杂性、艰巨性、长期性认识不足，而且对改革过程中的困难和丑恶现象，易产生急躁和不满情绪，不知道如何将对改革的热情与自身现实的行动结合起来。通过社会实践，大学生可以亲眼看见社会实际、亲耳聆听改革成果、亲身感受自身缺点，从而有利于明确自己的历史使命，增强社会责任感，自觉地把自己的前途和祖国的富强、人民的富裕、民族的复兴紧密结合起来，按照社会和时代的要求发展自己。

2. 社会实践有利于培养大学生艰苦奋斗、遵纪守法的良好作风

参加社会实践可以使大学生有机会接触广大工农群众，增强他们的群众观点、劳动观念；可以使他们体会到生活的意义、创业的艰辛，养成吃苦耐劳、勤俭节约、珍惜劳动成果的作风；可以使他们加深与工农群众的思想感情，树立艰苦创业、遵纪守法的思想观念和生活作风，不断提高自己、完善自己。

3. 社会实践有利于培养大学生的社会责任感和使命感

加强大学生社会实践可以促使大学生很好地接触社会，提高认识，激发民族自豪感和社会责任感，培养自强自立、艰苦奋斗的奉献精神。

三、有利于激发当代大学生学习兴趣，锻炼实践动手能力

没有丝毫兴趣的强制学习无法让学生真正地学到知识的精髓，同时也会扼杀学生探求真理的欲望。只有将课堂教学和社会实践相结合，学生的学习积极性才会提高，教学才会取得更好的效果。所以积极引导学生参与社会实践，达到学与做、知与行的有机统一，才能更大地调动学生学习的兴趣，激发学生学习的积极性。同时，社会实践是解决理论脱离实际、知

识远离生活等问题的有效途径。此外，社会实践还是大学生的一种社会化过程性实践。面对真实的社会环境，面临现实的困难和各种问题，大学生要独立面对，并运用所学的理论知识去解决社会生活的实际问题，培养和锻炼其发现问题、分析问题和解决问题的能力。总之，社会实践可以拉近大学生与社会的距离，有效地激发大学生的学习兴趣和学习乐趣，培养大学生分析解决实际问题的能力，将理论知识转变为解决生产实际问题的工作能力，将理论知识转变成解决实际问题的有效方法。

课堂思考

你认为社会实践最大的作用是什么？

第二节 大学生校园社会实践活动的基本形式

大学生校园社会实践的基本方式依托于丰富多彩的校园活动并通过这些活动得以实现。从教育的目标与活动的特点来讲，我们可将校园活动的社会实践大致分为文明修身类、学术科技类、社会工作与社团类、文体艺术类、志愿服务和勤工助学类、创新创业类六种。

一、文明修身类活动

文明修身类实践活动是大学生校园社会实践活动的核心，关系到学生成长成才的方向和实践教育的导向。我们可以从基础文明、团队精神、社会责任感、理想信念等不同层面入手，通过引导学生参与党团活动、各类纪念活动、仪式化活动等文明修身实践活动，全面提升道德文明修养。

（一）基础文明修养活动

基础文明修养活动立足于学生的生活习惯，强调文明意识的树立和文明行为的培养，倡导大学生健康文明的社会形象。学生参加系列文明修养活动，包括文明校园行，文明就餐、文明倡议书、文明上课、文明公约、文明主题班会等活动。加强基础文明修养，让文明意识深入人心，让文明行为处处可见，无论是在课堂、宿舍、图书馆，还是实验室、食堂中，文明成为同学们的生活习惯。基础文明教育不仅在于培养大学生基本的文明素养，引导大学生文明生活、文明学习、文明成长，树立健康文明的大学生形象，同时也引导大学生做弘扬"修身、齐家、治国、平天下"的中华民族优良道德传统的先锋，为社会文明做贡献。

（二）党团系列活动

党团系列活动是通过党支部、团支部系列活动对学生进行理想信念教育的实践教育形式。通过参加马列小组活动、理论读书活动、时事政治讨论会，观看宣传片、专题宣传、参与专项调查等活动，引导学生对国情、国家政策、社会热点、举国大事等增强认识和了解，特别是对改革开放40年来我们祖国取得的伟大成就进行进一步认识，有助于帮助大学生坚定社会主义信念,树立远大理想,全面提高大学生的政治素养;有助于大学生正确认识社会、理解国情政策、奉献服务社会,使我们的大学生不仅学会担当家庭责任、社会责任,也要担当世界责任。

(三) 系列纪念活动

纪念活动主要是指节日、人物、重大事件的系列纪念活动,主要培养大学生的爱国情操和大学生的历史方位感和社会使命感,如每年的国庆日,建党建军日,五四青年节,九一八事变日,毛泽东、邓小平诞辰日等系列纪念活动,以及学校的校庆、院庆等活动。学生参加以上纪念活动,有助于了解祖国的历史进程和伟大变化,有助于加深对中华民族精神的进一步认识和理解,从而增强民族自豪感和历史使命感,同时也有助于学生对国家、人民、学校、学院的热爱和归属认同,让学生学会承担社会责任。

(四) 系列仪式活动

仪式化活动主要是通过一定的仪式和固定的形式进行实践。在校期间每个学生在不同阶段将参加以下的仪式化活动:开学典礼、毕业典礼等,学生还可以选择性参加形式多样的仪式活动,包括成人宣誓、生命承诺、升国旗、入党宣誓、党员承诺、毕业宣誓、班级宣言、先进表彰等活动,在参与中学会去深刻体会青年的成长需要远大目标、进取奋斗,更需要为自己、为社会负责任。

二、学术科技类活动

学术科技类活动是学生将书本和课堂上学到的知识应用到实践中去再学习的过程,它是大学校园里学生社会实践活动的重点,充分体现了大学生社会实践的学习性特点。活动主要以应用知识为主,强调理论知识在实际中的具体应用,活动的设计和开展更注重科学精神的培养,注重分析能力、运用能力和解决问题能力的综合提高,注重理论与实践的有机结合。通过各类竞赛、多种形式的研究参与、科技协会、网络运用等实践活动,把知识的学习、掌握与解决复杂多变的问题联系起来,提高解决实际问题的能力,在活动中增长才干。

从活动内容和开展方式上看,学术科技类活动主要可分为以下几种:各类竞赛、科技文化节、各类科技协会、开放实验室、参与课题研究、大学生科研训练计划等。

(一) 竞赛活动

大学校园内的各种竞赛活动是大学生运用知识展示自我风采、培养竞争意识和团队意识的重要平台,也是学校选拔优秀专业人才的途径,很多优秀学生在各种竞赛中脱颖而出。竞赛活动以其独特的魅力一直以来成为校园学生活动中最受欢迎、参与也最广泛的活动之一。竞赛活动主要体现了相互了解、友谊、团结和公平竞争的精神,成为大学生自我实现、自我超越的重要途径;竞赛活动具有明确的奖励机制,是鼓励和督促大学生实现知行统一、学好现有知识、探索未知领域的有效方式;同时竞赛活动的本质特征又是比赛与对抗,在直接而剧烈的竞赛过程中,学生的身体、心理和品德得到良好的锻炼与培养,学生学会在竞争中生存,在合作中成长,在运用中增长才干。竞赛类活动与专业知识结合紧密,大体上分为科技类竞赛,如国家级的挑战杯大学生科技作品大赛、各级电子设计大赛、大学生创业计划大赛、数学建模大赛、软件设计大赛、网页设计大赛、沙盘模拟大赛、机器人大赛、车模大赛、程序设计大赛、生命科学知识竞赛等；人文艺术类竞赛注重人文精神的培养和艺术修养的提高，展示大学生风采，包括全国大专辩论赛、各级征文比赛、演讲比赛、英语竞赛、青春风采大赛、小品大赛、艺术大赛、歌手大赛、舞蹈大赛、绘画大赛、书法大赛、美术大赛等。

（二）科技协会活动

科技类协会是大学生课外专业性很强的实践活动的主要形式。它是以传播与专业相关的知识信息，结合有关理论知识、科研课题、社会现实问题进行问题研究、实践探索为主要目标的学术活动型大学生组织。一般来讲，每一个专业都有相应的科技协会，如微电科协、自动化科协、建筑科协、生命科协、电力科协、经管协会等，它与专业和学科结合紧密，是学生运用专业知识最为直接的实践活动。科技协会因其鲜明的专业和学术研究特色而受到学生关注，它一般有专门的指导老师、相关的仪器设备和场所，主要从知识学习和应用出发，注重专业技术能力的初步培育、专业实践训练和动手能力的培养，并分阶段推出实践成果。科技协会是大学生主要的专业实践活动，在促进大学生专业知识运用、动手能力培养等方面发挥了应有的作用。

（三）网络运用活动

大学生网络运用实践活动，是指大学生以网络为媒介的信息、交往、商务和娱乐等所有网上活动，既包括像一般用户参与网络建设管理、使用等活动，也包括学习、研究和创新网络知识与技术等专业活动，还包括利用网络学习、研究、传播和服务社会等活动。校园网络实践活动是大学生应用所学的网络知识，利用校园内的网络资源从事学习、研究、交友、服务等活动的总称。具体形式包括校园论坛、校园网、公寓网、网上图书馆等。学生以发帖讨论、阅读校园新闻、资源共享等方式进行实践活动。学生参与活动可以促进网络知识的进一步学习和网络运用的综合能力的提高，可以学会一种新型而快捷的交友、交流方式，提高自己的交往能力。在校大学生几乎都能运用网络进行学习和生活，网络已经成为大学生们的一种生活方式。

三、文体艺术类活动

文体艺术类活动是指学生为了文体素质和生活艺术提高而开展的一系列人文、体育和艺术类活动。活动强调以人为本，注重人的全面、协调、健康和可持续发展。学生通过参加系列活动，在人文素养、身体和心理素质以及艺术品位等方面得到全面提升，从而成为身心健康、发展协调的人，成为有品位有艺术修养的人。

文体艺术类活动形式多样、内容丰富，通过比赛、训练、表演沙龙等方式对学生的身心健康、精神状态和个性发展起到全面的调节和促进作用。文体类活动让同学们在轻松愉悦的参与和激烈的竞争中既提高了身心素质，保证了学习的高效率、高质量，又培养了学生良好的行为、品质、个性、情感和兴趣等多项素质，还在学生的竞争意识、合作精神、纪律性、集体责任感、荣誉感、民族进取心和奋发向上精神等方面起到了良好的促进作用。从活动内容上看，文体艺术类活动大致可分为以下几种基本类型：文化类，如各高校的特色论坛、征文比赛、文学交流、演讲比赛等；艺术类，如文艺演出、摄影展、文艺训练、书画节等；体育类，如运动会、各类球赛、体育锻炼等；心理类，如素质拓展计划、心理辅导等。

四、社会工作和社团类活动

乌克兰著名教育家马卡连柯认为：教师的主体作用，集中表现为培养学生集体；在学生集体形成后，主要不是靠教师来教育各个学生，而是通过学生集体，实现学生自我教育、自主管理与监督，这样既把学生集体作为教育主体，又把学生集体作为教育管理对象。学生承担社会工作正是这一教育管理理念的具体实践，社会工作充分体现了大学生实践教育的成长性与社会化特点。

（一）社会工作

社会工作主要指学生参与到一定的学生组织开展相关的日常管理工作和完成某项具体的任务，是学生在校园范围内进行自我教育、自我管理和自我服务的综合性社会实践活动。高校社会工作种类繁多，覆盖面广，它涵盖了寝室、班级、年级、学院、学校等各个层面，为学生提供了各种各样的锻炼岗位，每一类的社会工作都有明确的工作职责，对从事社会工作的学生干部提出了态度、素质、能力等明确要求。

（二）社团类活动

社团是大学生遵照社团章程，以共同爱好为基础，重点培养某一方面能力而自发成立的非正式的群众性学生团体。社团类活动主要是指学生为丰富课余生活、发展个人特长而开展的一系列有针对性的活动。

课堂思考

你认为哪种活动形式最适合自己？为什么？

第三节　大学生校外社会实践活动

大学生校外社会实践活动是大学生利用课余时间走出校门，直接参与社会政治、经济、文化活动，参与社会主义现代化建设的实践行为。校外社会实践活动主要包括社会调查、志愿者服务、勤工助学和生产实习等基本类型。

一、社会调查

社会调查，是大学生运用特定的方法和手段，从社会现实中收集有关社会事实的信息资料，并对其做出描述和解释的一种自觉的社会认识活动。它包含以下几层意思：社会调查是一种自觉地、有意识有目的地观察和认识社会现象的活动；社会调查的对象包括社会客观存在的事实和主观范畴的社会事实，从社会现实生活中直接收集事实材料；社会调查的目的是透过现象揭示事物的真相和发展变化的规律性，并寻求改造社会的途径和方法。内容主要包括：是什么（弄清社会问题）？为什么（寻找问题原因）？怎么办（寻找解决方法）？社会调查是最常见的大学生校外社会实践活动类型之一。

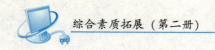

二、志愿者服务

志愿者及志愿者活动最早起源于西方发达国家，20世纪90年代传入中国。1990年，深圳建立"青少年义务工作联合会"；1993年北京大学学生自发组织"爱心社"；同年年底，团中央决定实施中国青年志愿者行动；1994年12月5日，团中央成立了中国青年志愿者协会。到目前为止，各大中城市、学校、各级共青团组织纷纷组建起了青年志愿者行动组织。据统计，已有7000万人参与青年志愿者服务活动，我国已经建立起一支世界上规模最宏大的志愿者服务队伍。目前我国的大学生志愿者服务的主要内容和方式有扶贫接力计划、大学生志愿服务西部计划，"三下乡"活动，留守儿童关爱行动，共建和谐社区志愿服务行动，大型经济、体育、文化活动及社会公共活动场所志愿者服务等。

三、校外勤工助学

勤工助学是指高等院校在籍学生在校期间，利用业余时间从事有利于培养学生劳动观念、自主意识和吃苦耐劳精神以及与专业学习相结合的科技文化服务或者其他工作，并通过合法劳动服务获取一定报酬的劳动。勤工助学（包括校内和校外两个方面）是大学生社会实践活动的重要内容之一，是方式最灵活、参与最广泛的校外社会实践活动方式。

校外勤工助学活动的主要内容有两方面：一是与专业学习相结合的科学技术和文化服务；二是有利于培养劳动观念和自立精神的劳动服务。依照学校和工商行政管理规定，学生目前主要参加学校和社会组织的各种校外勤工助学活动，主要为以家教和承接技术外包为主的科学技术和文化服务以及以兼职打工为主的劳动服务。

四、生产实习

生产实习是在学生已学习了专业基础课和部分专业课后进行的一个理论联系实际的实践性教学环节。具体地说，就是学生在学完一定专业课程后，到企事业单位去顶岗作业，在学校看来是实习，对用人单位看来相当于既是实习又是工作。通常情况下，生产实习是深入工厂、农村、企业的生产第一线，主要完成以下实习内容：对实习所在的企事业单位的工作性质、组织管理体制、生产或事务的运作机制有比较全面的了解；了解实习所在的企事业单位的先进技术和先进管理体制；了解工程技术人员、生产管理人员等在生产或事业的运作中的作用和职责，广泛地接触他们，从他们身上学习优良的品质和作风；掌握所从事的工作的基本技术和方法，结合所学专业知识解决工作中出现的技术性问题；通过实习，学会观察、搜集资料、调查研究等方法，提高分析问题和解决问题的能力；结合实习内容撰写实习报告或实习论文。

 课堂思考

回想一下，你进行过什么社会实践？它属于哪一种类型呢？

 课后延伸

1. 构思一种社会实践模式和具体内容。
2. 组建团队完成该社会实践。

 经典诵读

读万卷书,行万里路。
【出处】:明·董其昌《画禅室随笔·卷二》
【释义】:努力读书,让自己的才识过人;同时在生活中增长见识,联系实际,学以致用。
【解读】:"读万卷书"是指应该全面吸收书本知识,使自己具有渊博、扎实的文化素养;"行万里路"是指不能单纯地沉迷于书本,还必须广泛了解、认识和接触社会,并把书本知识应用于社会实践。

第十一章

勤 工 助 学

勤工助学近些年发展非常快，政府和学校非常支持，学生越来越多地参与其中，可以这么说，参加勤工助学已成为大学校园生活的重要组成部分，成为一种"时尚"，参加勤工助学的目的也是多样的，有为了经济收入的，有为了锻炼能力的，也有为了促进就业的，但无论哪种都体现了当代大学生勇于走向社会、勇于承担责任的可贵精神。

课堂导读

在中国共产党早期的领导人中，有这样一个群体：他们都有着20岁左右在欧洲学习和工作的经历；大都在20世纪初留法勤工俭学；他们的名字在中国近现代史的星河中熠熠生辉：周恩来、邓小平、蔡和森、赵世炎、王若飞、李富春、陈毅、聂荣臻、蔡畅、陈延年、李立三、李维汉、徐特立、何长工，他们不仅在国外学习了先进的知识，在实践中增长了才干，更认清了革命的方向，成为较早投身于共产主义运动的革命先驱。

这场留法勤工俭学运动的发起人是蔡元培、李石曾、吴稚晖三人。1915 年，他们组织成立"留法勤工俭学会"，以"勤于作工，俭以求学"为目的，号召广大青年去法国半工半读，1916 年又联合法国政府成立了"华法教育会"。众多渴望学习先进知识的青年人，怀着"改造中国与世界"的梦想，为了探求"供现在正求解放的中国"的良方，踏上了前往法国的轮船。

第一节　认识勤工助学

一、勤工助学概述

（一）勤工助学的由来

1840 年鸦片战争后，中国由封建社会逐步向半殖民地半封建社会演变，中国传统的封建教育日益腐朽，教育制度的改革迫在眉睫。"师夷之长技以制夷"的思想为留法运动奠定了思想基础，在这一思想的影响下，很多知识分子远涉重洋自费出国留学。自费出国留学的学习生活条件非常艰苦，为了解决学习生活费用的不足，不少人利用学习以外的时间参加劳动，如到工厂、餐馆打工，以换取报酬，从而产生了对中国具有深远影响的留法勤工俭学运动，周恩来、邓小平就是其中杰出的代表。1914 年，留法学界总结多年的实践经验，把"俭学"和"以工兼学"二者结合起来"按实定名"，提出了"勤工俭学"的概念，意思是指勤于工作、俭于求学,靠自己工作赚钱求学,省吃俭用求学。1915年6月,"留法勤工俭学会"成立。该会的宗旨是"勤以工作,俭以求学,以促进劳动者的智识"。留法勤工俭学运动正确地认识到了劳动与教育相结合的意义,是我国勤工助学史上一次伟大的、成功的实践和突破。"五四"时期的工读思潮把留法勤工俭学运动推向一个高潮,并促进"教育"与"生产劳动"全面结合。"工读思潮"主张"用工与读书结合、学问与生计合一"来消灭劳力与劳心的差别,进而改造社会、解救中国。马克思认为教育与生产劳动相结合,不仅是发展社会生产的一种方法,而且是造就全面发展的人的唯一方法。因此马克思主义教育思想成为指导我国勤工助学工作开展的基本理论。

(二) 勤工助学的类型

我国不同地区、不同高校学生勤工助学也有着各自非常鲜明的特点。譬如沿海城市高校规模较大、类型较多,勤工助学的工资标准也相对较高,西部城市高校相对而言就比较少,以校内岗位为主。同时高校与高校之间也因高校文化特色的差异而有所区别,譬如师范类院校学生参加家教类工作比较普遍,而工科类院校以到企业从事技术型兼职居多。

1. 家教类

"望子成龙"是中国的一句成语,描述了父母对子女的一种期盼和憧憬。在现行的教育体制下,通过读书达到"成龙"的目标是一条最普遍的途径,能不能读好书也是以后在社会上能否很好地生存的重要基础。因此,家长在对子女的教育上往往倾注了许多的希望,比如一些学习成绩差的学生的家长希望通过一些课外个别辅导来查漏补缺,提高其成绩;一些学习成绩好的学生的家长也希望自己的孩子能够保持"领先地位";有的家长还希望能够全面提高自己孩子的素质。在这种情况下,很多父母聘请一些在校大学生为自己的小孩进行一对一的文化课辅导,从而达到提高成绩的目的,由于补课的地点一般是在家里,所以谓之家教。随着社会竞争的加剧以及对人才的要求不断提高,终身学习的理念也在不断得到认同。因此家教的内涵也在不断扩展,家教的对象范围也在不断扩大。现在家教的内容已不仅仅是提高文化课的成绩,还包括了音乐、美术、体育、书法辅导等素质项目。接受辅导的对象也从在读的中小学生扩展到幼儿、成人。家教成为现代社会中的新型"服务业"。

2. 促销类

"促销"顾名思义是促进销售的意思。很多企业为了提高新产品的知名度,或者为了提高销售量而开展一些短期促销活动。譬如在一些公司商场、超市或者校园内的某一固定柜台、某一固定地点向来往的顾客介绍产品、分发试用装和试吃食品等。

3. 派发类

派发类工作一般是指参加勤工助学的大学生在一些企业推出新产品或有各类特价商品时按企业要求派发各类宣传单及试用品类的工作,可分为定点派发和入户派发两种。定点派发是指在商场、写字楼附近将宣传品或宣传单发给过路的行人,也有的是在校内的食堂门口将宣传品或宣传单发给学生。入户派发是指将公司的宣传单发至各新村、小区的居民楼信箱内,也有的是将宣传单发至学生寝室。

4. 业务宣传类

业务宣传类工作一般是指到商务楼、企业单位或居民区,或者通过电话、网络进行产品或服务的推广宣传工作。

5. 市场调查类

市场调查类工作一般指以问卷或电话访问形式向目标人群、商家做消费习惯、消费心理的调查，或者通过信息检索对相关信息进行归类调查总结。

6. 计算机类

在现代社会逐步信息化的过程中，现代企业在其日常运作管理中，更离不开信息化手段，同学们可以在软件开发、网页制作、硬件维护等方面大显身手。

课堂思考

你能从事哪一类的勤工助学呢？为什么？

第二节　勤工助学对大学生的作用

对于当前的大学生来说，勤工助学是他们从学校向职场过渡的一个重要的中间环节，不仅能够帮助贫困学生完成学业，对大学生的工作能力、思想品德等方面更有着积极的意义。

（一）有助于改善经济条件，为学习、生活提供良好支持

虽然国家在解决家庭经济困难学生读书问题上不断加大资助力度，不断健全完善资助体系，但是随着社会对人才要求的不断提高，大学生所需要的技能也在不断增多，教育成本越来越高，同时，我国居民日常生活水平和消费价格也不断攀升，学生面临的经济压力越来越大，单纯由国家资助体系来解决所有问题并不现实。大学生在不影响正常专业学习的情况下，通过参加适量的勤工助学活动，用于补充经济来源的不足是较好解决这一难题的有效途径。学生在学有余力的基础上通过自己的有效劳动来获得相应的报酬，用于解决学习过程中的经济困难并改善自己的生活和学习条件，帮助自己顺利完成学业。家庭经济条件稍好的同学获得报酬以后，可以购置更多的书籍和更好的学习用品，并根据自己的兴趣爱好，为自身创造更好的学习和发展条件。因此，勤工助学作为一项教育经济活动，在一定程度上能改善大学生的学习及生活条件，为他们提供更好的学习支持。

（二）有助于拓展知识面、促进专业学习

勤工助学是多层次、多功能、多形式的社会实践活动，是课堂教育的补充和拓展，是帮助大学生全面发展，提高自身素质的平台。勤工助学在拓展大学生知识方面的功能主要有以下两种：

1. 拓宽知识面

作为即将踏上社会的大学生，很多课本之外的知识需要去了解和汲取。而这些东西是需要在社会生活中去体验、感悟、经历才能获得的。大到对国情、社会的了解，小到对基本的生活常识、习惯的认识，这些对大学生在今后的认识道路上少走弯路起到了重要的作用。

2. 促进专业学习

将我们在课堂上所学的东西拿到社会中去实践，不仅能促进我们对课堂知识的理解，更有助于我们把理论知识和现实社会实践有机地结合起来。有时候我们还能从实践中反思和改进我们的理论知识。目前，就业压力越来越大，很多情况表明，并不是社会不需要人才，而是高校培养出来的大学生满足不了社会实际需要，而勤工助学正好提供了这样的机会。在勤工助学中，大学生紧密联系客观实际，加深了对社会、国情、民情的了解，不断修改、补充、深化自己的认识。在此基础上，进行自我规划、自我调整、自我完善，使自己的目标贴近客观实际，个人追求贴近社会需求，从而实现自身人生价值。

（三）有助于提高大学生实践能力和独立处理问题的能力

在勤工助学活动中，大学生需要独立面对社会，遇到问题需要独立判断做出决定，要自己承担责任。譬如有些大学生性格内向，不善言辞，但是在勤工助学中必须得与人交流，而且往往是跟很多人交流，最初大学生在这个过程中可能会很胆怯、惶恐甚至很痛苦，但是经过这个过程以后就会发现，自己在这方面的能力有了很大提高。大学生实践能力的提高不能只通过简单培训，而是一种在勤工助学中表现出来的体验和潜移默化的过程。这个过程有责任、有压力、有目标，而这个过程中的收获是全方位的。譬如某大学生参加一个企业网络平台设计开发工作，他的体验包括对该企业商业运作的了解，全面理解该企业对该项目的要求和意图，熟悉该企业原有的技术平台和硬件条件，了解如何与他们进行合作，自己遇到难题如何查阅资料或求助他人，如何核算成本，如何安排工作进度和计划，还有如果无法按期完成需要承担怎样的风险，等等。我们青年学子可以在多个这样的过程中走向成熟、走向自信自立。

课堂思考

你认为勤工助学会给你带来什么帮助呢？

第三节　勤工助学中的注意事项

由于大学生的主业是学习，且普遍涉世未深，社会经验和工作能力都有所不足，所以在勤工助学的过程当中，需要注意以下事项：

1. 合理处理勤工助学与学习的关系

关于勤工俭学对学业的影响，全靠每个大学生去自己把握。所以处理好专业学习与勤工助学兼职的关系，有必要做到以下几点：

（1）端正勤工助学求兼职的目的，选择合适的工种。

勤工助学兼职首先要端正目的，那种把赚钱作为勤工助学兼职首要目的的人显然是由于一种急功近利的心态在作怪。当代大学生生存意识明显增强，适当地追求合理的经济利益是可以接受的，但如果功利化的心态过于严重，便会扭曲大学生的人格，腐蚀大学生的心灵，影响大学生对生活的态度，不利于大学生的健康成长。同时，不把赚钱作为首要目的，也有助于我们在勤工助学兼职中坦然地面对各种困难和问题，实现个人价值和社会价值的统一。其次应选择合适的，真正能锻炼自己的工种。勤工助学兼职还是要尽可能找与专业相近或自己有兴趣的工种，这样才能缩短自己的能力与社会需求的差距，才能促使自己不断努力进取，提高专业知识和技能。

（2）坚持适度原则，正确处理好勤工助学兼职与学习的关系。

其实，做到勤工助学兼职与学习两不误是完全可以的，关键在于坚持适度原则，把握好分寸，安排、协调好学习和工作的时间。当代大学生还是应以学业为主，为勤工助学兼职而荒废了学业就本末倒置、得不偿失了。有人说参加勤工助学兼职会影响学习，其实不然，只要你合理安排两者的时间就行，要有准备成功的心态。如果参加勤工助学活动，就要相信这是一个很好的平台，可以让自己迅速成长。同时，充分利用时间，提高学习、工作的效率，每天都要求自己有进步，鞭笞自己不断成长。勤工是为了助学，要注重学习，不要以勤工为借口，荒废学习。最后，注重学习和工作的关系，要学以致用。要想尽办法把学习到的东西运用到工作上，这样对知识理解得更深，反过来也可以增长学习的兴趣。

2. 相关法律常识

（1）根据《民法通则》《合同法》《高等学校勤工助学办法》等相关法律、法规和文件，在勤工俭学过程中，学生享有以下权利：信息知晓权、自主选择权、自荐权和被荐权、接受勤工助学指导与服务权、平等待遇权、享受国家规定的待遇权、接触协议权、申诉权和求偿权。

（2）根据《民法通则》《合同法》《高等学校勤工助学办法》等相关法律、法规和文件，在勤工助学过程中，学生应履行如下义务：向用人单位实事求是介绍个人情况、严格履行合同、遵守学校有关规定等。

3. 安全问题

近年来，我国高校学生勤工助学工作不断得到推进和发展，参加勤工助学已经成为大学课余生活的重要组成部分。然而，在同学们参加勤工助学的过程中，由于部分同学社会阅历较浅，自我保护意识相对薄弱，致使产生了很多安全问题。已参加和准备参加勤工助学的广大大学生应该对相关方面的安全问题进行必要的学习。

（1）防止中介的诈骗。

有一些非法的中介机构，抓住大学生缺少社会经验又挣钱心切的心理，收取高额的中介费却不履行合同，不及时地给大学生找到工作。对于中介，要看清中介是否有劳动部门颁发的职业介绍许可证，或进行网上查询，了解其经营范围是否与执照相符（应看其执照正本），最好到有资质、信誉好的中介找工作，而不要去小中介。

（2）防止陷入传销陷阱。

本来是以销售人员的名义上岗工作，公司却让应聘者如法炮制去哄骗别人，有些同学在高回扣的诱惑之下，甚至不惜欺骗自己的同学、亲戚、老师和朋友。结果是骑虎难下，最终只得白搭上一笔钱，使自己的身心受到巨大伤害。同时，通过同学或朋友介绍找工作的大学生，也要注意维护自己的合法权益，防止陷入传销陷阱。

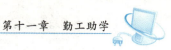

（3）不抵押任何证件。

当用工单位要求以学生本人的有关证件做抵押时，一定要拒绝，谨防证件流失到不法分子手中，成为非法活动的工具，证件的复印件也要谨慎使用。

（4）不到娱乐场所工作。

有的娱乐场所以特殊行业的高薪来吸引求职者，工种有代客泊车、侍者，有的甚至是不正当交易，年轻学生到这些场所打工，往往容易误入歧途。同时，娱乐场所鱼龙混杂，良莠不齐，常常有不法分子出没。为保障人身安全，尽量不要到酒吧、歌舞厅等一类的娱乐场所工作。

（5）不做高危工作。

有些工作危险系数高、劳动强度大，如修建工程、加工机械零件等工作，容易发生意外，学生身体容易受到伤害，尽量不要从事此类兼职工作。

（6）要签订劳务协议。

有些用工单位在学生工作结束时以各种理由克扣学生工资，侵害学生利益。大学生应在工作开始前与用工单位签订劳动协议，协议书一定要权责明确，如工资额度、发放时间、安全措施等关系到学生切身利益的方面一定要在协议中详细说明。

（7）注意交通安全。

同学们在外出期间，一定要注意交通安全，遵守交通规则，切记不要坐非正规营运车辆，如黑摩的、黑出租车等。同时，夜晚返校一定要有人同行，特别是女生，不要单独乘坐公交车以外的车辆，以确保自己的人身及财产安全。一旦发生交通安全事故，要及时拨打110报警。

 课堂思考

孔子的母亲刚生下孔子之后，孔子的父亲就去世了，从此孔母便独自一人抚养孔子，而懂事的孔子在学习、游玩之际，也常常去帮自己的母亲做些力所能及的事情。每当看到母亲回家之时的疲惫身影，孔子总会很懂事地帮母亲去做按摩、倒点水……慢慢地，孔子体会到了母亲的不易，他开始瞒着母亲去外面做事，争取替母亲分些负担。但是，就是这么一个七八岁的孩子，他又能做些什么呢？然而，在孔子眼里，只要能挣钱、只要自己能够干得动的，他从来都不挑活儿。他认为，脏脏和辛苦，这不是自己这个穷苦家庭出身的孩子所应该顾虑的。于是，年幼的孔子干起了其他孩子所不想干的脏活和累活。每当其他孩子吃完饭外出玩耍嬉笑的时候，孔子正在别处忙碌着。当然，为了让母亲放心，他总会比母亲早些回家。所以，孔子在后来给自己的弟子讲自己年少时期事情的时候，每每感叹道："吾少也贱，故多能鄙事。"就这样，孔子和母亲在曲阜生活了14年。年幼的孔子从母亲那儿学到了很多知识：最基本的礼节、如何做人、如何节俭，等等。当然，自己从多年的"打工"历练之中，也学到了很多：平等、仁爱，等等。

孔子的故事给你怎样的启发呢？

 课后延伸

1. 收集历史上和身边的勤工俭学故事。
2. 本学期进行一次勤工俭学活动。

 经典诵读

富贵必从勤苦得,男儿须读五车书。
【出处】:唐·杜甫《柏学士茅屋》
【释义】:富贵必须勤苦努力才能得到,男儿想有所成就,就必须刻苦读书,学富五车。
【解读】:一个人只有长年累月辛勤努力和付出才能获得成功,勤奋、吃苦的品质是人生重要的财富。

第十二章

创 新 创 业

"就业成就梦想,创业开创未来。"创业是大学生就业的另一种形式,加强对大学生的创新创业教育,是新世纪高等教育人才培养的新模式。国家提倡和鼓励大学生自主创业,并实施创业孵化、工商、税务、信贷等系列优惠政策。近年来,越来越多的大学生投入创业浪潮中。

课堂导读

聚美优品的 CEO 陈欧也是一名标准的大学生创业者,他的大学生创业经历要追溯到他的上一个创业项目 GG 游戏平台。陈欧 16 岁的时候考上了新加坡南洋理工大学,作为一个资深游戏爱好者,在大四的时候陈欧决定在游戏领域创业,凭着有限的资源做出了后来影响力巨大的 GG 游戏平台。作为当时没有任何资源的大学生创业者,那时的创业经历是非常艰苦的。据陈欧回忆,那时候他为了节省成本,不得不每天都吃最便宜的鱼丸面,最后吃得都有些"脑残"了。

后来,陈欧出售 GG 平台,获得了千万级别的收益,也为自己后来的创业道路做了极好的铺垫。而他创造的 GG 游戏平台,仍然是现在东亚地区最受欢迎的游戏平台之一,全球拥有超过 2 400 万用户。

第一节 创新创业的基本常识

一、什么是创新

创新是指在经济和社会领域生产或采用、同化和开发一种增值新产品;更新和扩大产品、服务和市场;发展新的生产方法;建立新的管理制度。它既是一个过程,也是一个结果。

创新是人类特有的认识能力和实践能力,是人类主观能动性的高级表现,是推动民族进步和社会发展的不竭动力。一个民族要想走在时代前列,就一刻也不能没有创新思维,一刻也不能停止各种创新。创新在经济、技术、社会学以及建筑学等领域的研究中举足轻重。

从本质上说,创新是创新思维蓝图的外化、物化、形式化。

二、创业的要素

创业要素包括创业者、商业机会、技术、资源、资金、人力资本、组织、产品服务等几个方面。

（1）创业者是创业过程中处于核心地位的个人或团队，是创业的主体。创业者在创业过程中起着关键的推动和领导作用，因而创业者的素质和能力是创业成功的第一要素。

（2）商业机会是创业过程中的核心，创业者从发现和识别商业机会开始创业。商业机会就是创业机会，它意味着顾客能得到比当前更好的产品和服务的潜力。

（3）技术是一定产品或服务的重要基础。是企业满足社会和市场需求的支持保障，是企业的核心竞争力。

（4）资源是组织中的各种投入，包括各种人、财、物。资源不仅指有形资产，如厂房、机器设备，也包括无形资产，如专利、品牌；不仅包括个人资源，如个人技能、经营才能，也包括社会网络资源，如信息、权力影响、情感支持、金融资本。

（5）资金对于处在不同发展阶段的企业来说都是非常重要的。在创业之初，主要是靠自筹资金，对于符合一定条件的创业者，将有可能获得一定的政府扶持资金。

（6）人力资本是创业的重要资源投入。建立良好的企业文化是建立人力资本的核心。

（7）组织是协调创业活动的系统，是创业的载体，是资源整合的平台。创业型组织是以创业者为核心形成的关系网络，不仅包括新设组织内的人，还包括这个组织之外的人或组织，如顾客、供应商和投资人。

（8）产品服务是创业者为社会创造的价值，它既是创业者成功的必要条件，也是创业者对社会的贡献。

创业就是具有创业精神的创业者、商业机会、组织与技术、资金、人力资本等资源相互作用、相互配置，以创造产品和服务的动态过程。

三、创业的类型

了解创业类型是为了在创业决策中做比较，选择最适合自己条件的创业类型。

（一）依创业动机分为机会型创业与就业型创业

（1）机会型创业，指创业的出发点并非谋生，而是为了抓住、利用市场机遇。

（2）就业型创业，指为了谋生而自觉地或被迫地走上创业之路。

（二）依创业起点分为创建新企业与企业内创业

（1）创建新企业，指创业者个人或团队从无到有地创建出全新的企业组织。

（2）公司内创业，指一个已经存在的公司，由于产品、市场营销以及企业组织管理体系等方面的原因，因而需要进行重新创建的过程。

（三）依创业者数量分为独立创业与合伙创业

（1）独立创业，指创业者独立创办自己的企业。

（2）合伙创业是指与他人共同创办企业，其优劣势正好与独立创业相反。

（四）依创业项目性质分为传统技能、高新技术和知识服务型创业

（1）传统技能型创业，指使用传统技术、工艺的创业项目，它具有永恒的生命力。

（2）高新技术型创业，指知识密集度高，带有前沿性、研究开发性质的新技术、新产品项目。

（3）知识服务型创业，指为人们提供知识、信息的创业项目。当今社会，信息量越来越大，知识更新越来越快，各类知识性咨询服务的机构将会不断细化和增加。

第十二章　创新创业

（五）依创业方向或风险分为依附型、尾随型、独创型和对抗型创业

（1）依附型创业，可分为两种情况：一是依附于大企业或产业链而生存，为大企业提供配套服务；二是使用特许经营权。

（2）尾随型创业，即模仿他人创业，"学着别人做"。

（3）独创型创业，指提供的产品或服务能够填补市场空白。

（4）对抗型创业，指进入其他企业业已形成垄断地位的某个市场，与之对抗较量。

（六）依创新内容分为基于产品、营销模式与组织管理体系创新而创业

（1）基于产品创新而创建企业。

（2）基于市场营销模式的创新而创建企业。

（3）基于企业组织管理体系创新而创建企业。

四、创业精神的本质

创业精神是创业的核心与灵魂。创业精神最初来自新建企业，但不限于新建企业，百年企业青春常在就是创业精神在起作用。

人们常用不同的词语描绘创业精神：创新精神、合作精神、冒险精神、敬业精神、自强不息、百折不挠等。在新时代，又加进了时代精神、社会责任感、奉献、事业荣誉感、二次（三次）创业的勇气、艰苦奋斗的作风、至诚至信、开放的心态、宽广的胸怀等。

实际上，创业精神在心理层面是一种思维方式，其基础是创新，在行为层面是发现和把握机会，并且创造价值的过程。

创业精神的载体是人，最具创业精神的是创业者（企业家），企业家与创业精神密不可分。企业家经营企业的方式，从投机、套利、冒风险到创新，是一个不断发展和丰富的过程。因而创业精神不单是投机与冒风险，更重要的是把握机会和不断创新，通过企业家的创业和创新活动，推动社会和经济不断发展。

课堂思考

结合自己所读专业和兴趣爱好，谈谈该如何提升自己的创业能力。

第二节　大学生创业优惠政策

为支持大学生创业，国家和各级政府出台了许多优惠政策，涉及融资、注册、税收、创业培训、创业服务等诸多方面。对打算创业的大学生来说，了解这些政策，才能走好创业的第一步。

（1）放宽市场准入条件：大学生初创企业时，注册资金可分期到位，可将家庭住房、租借房、临时商业用房等作为注册地点。

（2）税收优惠：持就业失业登记证（注明"自主创业税收政策"或附有高校毕业生自主创业证）的高校毕业生在毕业年度内（指毕业所在自然年，即1月1日至12月31日）从事个体经营的,3年内按每户每年8 000元为限额依次扣减其当年实际应缴纳的营业税、城市维护建设税、教育费附加和个人所得税。对高校毕业生创办的小型微利企业,按国家规定享受相关税收支持政策。

(3) 小额担保贷款和贴息支持:对符合条件的高校毕业生自主创业的,可在创业地按规定申请小额担保贷款;从事微利项目的,可享受不超过10万元贷款额度的财政贴息扶持。对合伙经营和组织起来就业的,可根据人数和经营项目适当提高贷款额度。

(4) 免收有关行政事业性收费:毕业2年以内的普通高校毕业生从事个体经营(除国家限制的行业外)的,自其在工商部门首次注册登记之日起3年内,免收管理类、登记类和证照类等有关行政事业性收费。

(5) 享受培训补贴:对高校毕业生在毕业年度内参加创业培训的,根据其获得创业培训合格证书或就业、创业情况,按规定给予培训补贴。

(6) 免费创业服务:有创业意愿的高校毕业生,可免费获得公共就业和人才服务机构提供的创业指导服务,包括政策咨询、信息服务、项目开发、风险评估、开业指导、融资服务、跟踪扶持等"一条龙"创业服务。各地在充分发挥各类创业孵化基地作用的基础上,因地制宜建设一批大学生创业孵化基地,并给予相关政策扶持。对基地内大学生创业企业要提供培训和指导服务,落实扶持政策,努力提高创业成功率,延长企业存活期。

(7) 各城市应取消高校毕业生落户限制,允许高校毕业生在创业地办理落户手续(直辖市按有关规定执行)。

 课堂思考

根据大学生自主创业的优惠政策,谈谈为什么说创业是大学生就业的另一种形式。

第三节 大学生创业应注意的事项

一、坚决避免走入创业误区

虽然支持创业的大环境在变好,创业的人越来越多,但是,请大家记住,绝不是一旦做了老板,一切都会变得美好起来,要坚决避免走入创业的误区。

(一) 创业不该是逃避现实的举措

在形形色色的创业者中,不少人之所以选择创业,完全是为了逃避生活,逃避现实。这些人毕业走出校门后突然发现:工作难找,不辛苦的工作更难找,无忧无虑、丰富多彩的工作根本找不到。怎么办?只有创业。

创业是非常艰辛的一个过程——并不是所想的那样简单。其中的艰难困苦非亲身经历不能体会,靠创业来逃避现实是非常幼稚的。

(二) 创业不该盲目求快

急于求成、缺乏市场意识及商业管理经验,是影响大学生成功创业的重要因素。大学生们虽然掌握了一定的书本知识，但终究缺乏必要的实践能力和经营管理经验。此外，由于大学生对市场营销等缺乏足够的认识，很难一下子胜任企业经理人的角色。

生存永远比发展重要，都不能生存了还谈什么发展？从生存做起，从小做起，不讲排场，一步一个脚印，才是创业的真经。

（三）创业不该是照葫芦画瓢

在很多青年心目中，创业英雄已然成为他们最崇拜的人，无形中就使得大学生创业者"唯其马首是瞻"。殊不知，这些成功的企业家自有他们令人望尘莫及的能力或品质，成功永远是小概率事件，那些商业奇迹多少都有幸运的成分，而幸运却是不可复制的。创业者一定要因时因地独立自主思考和判断，切不可简单照搬。

二、充分认识创业风险

（一）项目选择风险

大学生创业时如果缺乏前期市场调研和论证，只是凭自己的兴趣和想象来决定投资方向，甚至仅凭一时心血来潮做决定，一定会碰得头破血流。

（二）缺乏创业技能风险

很多大学生创业者眼高手低，当创业计划转变为实际操作时，才发现自己根本不具备解决问题的能力，这样的创业无异于纸上谈兵。

（三）资金风险

资金风险在创业初期会一直伴随在创业者的左右。如果没有广阔的融资渠道，创业计划只能是一纸空谈。

（四）社会资源贫乏风险

企业创建、市场开拓、产品推介等工作都需要调动社会资源，大学生在这方面会感到非常吃力。

（五）管理风险

一些大学生创业者虽然技术出类拔萃，但理财、营销、沟通、管理等方面的能力普遍不足。特别是大学生知识单一、经验不足、资金实力和心理素质明显不足，更会增加在管理上的风险。

（六）竞争风险

如何面对竞争是每个企业都要随时考虑的事，而对新创企业更是如此。

（七）团队分歧风险

现代企业越来越重视团队的力量。创业企业在诞生和成长过程中最主要的力量来源一般都是创业团队，一个优秀的创业团队能使创业企业迅速地发展起来。但与此同时，风险也就蕴含在其中，团队的力量越大，产生的风险也就越大。

（八）核心竞争力缺乏风险

对于具有长远发展目标的创业者来说，他们的目标是不断地发展壮大企业，因此，企业是否具有自己的核心竞争力就是最主要的风险。

（九）人才流失风险

一些研发、生产或经营性企业需要面向市场，大量的高素质专业人才或业务队伍是这类企业成长的重要基础。

（十）意识上的风险

意识上的风险是创业团队最内在的风险。这种风险来自无形，却有强大的毁灭力。风险性较大的意识有：投机的心态、侥幸心理、试试看的心态、过分依赖他人、回本的心理等。

当然，大学生创业过程中遇到的阻碍还不仅限于此，在企业发展过程，随时都可能有灭顶之灾的风险。保持积极的心态，多学习，多汲取优秀经验，结合大学生特有的优势，我们相信，大学生创业的步伐会越走越远，越走越稳。

 课堂思考

大学生创业应注意哪些事项？

 **课后延伸**

创业难几乎是大学生创业的共同感受。在广东省大学生创业平均成功率也仅为1%，那么，创业难，难在何处？

假设你正面临毕业准备自主创业，在这一过程中会遇到哪些风险？这些风险中哪些是可以借助国家政策扶持的？而哪些是不可控制的？哪些事情是需要极力避免的？哪些是致命或不可管理的？一旦出现你该如何化解？请同学们根据课程内容写一篇创业前的调研报告。

 经典诵读

惟进取也故日新。

【出处】：清·梁启超《少年说》

【释义】：只有不断地进取，才有不断的创新和成长。

【解读】：身处开放的时代，我们要始终遵从内心的选择，永葆进取的精神和创新的激情，在包容和尊重中不断获取人生的力量。"乘风好去，长空万里，直下看山河"。希望青年学子融入这个伟大的时代，以开放精神点亮人生，成就自我，引领未来！

品格塑造篇

第十三章

诚实守信篇

诚信是中华民族的美德,注重诚信是我国古老而优良的道德传统,在古代就用"君无戏言"来约束皇帝的言行,用"言必信,行必果"来约束老百姓的举止。诚信是一个人修身立命之本,一个人或许能因不诚实获取一时之得,但也会因此造成一生之失,不仅是物质层面的损失,还会带来心理的不适、良心的贬值和道德的沦丧,因此诚信是做人的第一品质。

课堂导读

春秋战国时,秦国的商鞅在秦孝公的支持下主持变法。当时处于战争频繁、人心惶惶之际,为了树立威信,推进改革,商鞅下令在都城南门外立一根三丈长的木头,并当众许下诺言:谁能把这根木头搬到北门,赏10金。围观的人不相信如此轻而易举的事能得到如此高的赏赐,结果没人肯出手一试。于是,商鞅将赏金提高到50金。重赏之下必有勇夫,终于有人将木头扛到了北门。商鞅立即赏了他50金。商鞅这一举动,在百姓心中树立起了威信,而商鞅接下来的变法很快就在秦国推广开了。新法使秦国渐渐强盛,最终统一了中国。

第一节 了解诚信

(一)什么是诚信

诚,指真诚、诚实,是指人对客观存在的态度,要承认并忠实于事物的真实存在,简而言之就是与人交往时不说谎;信,指信任、信用、守信。"诚"与"信"结合起来便是"诚实守信、表里如一",这也是做人的基本要求。

(二)诚信是立人之本

中国古代先哲孔子曾说过:"人而无信,不知其可也。"认为人若不讲信用,在社会上就无立足之地,什么事情也做不成。儒家的理想人格是君子,对君子型理想人格,儒家提出了一系列标准和要求,而诚信则是其中之一。子曰:"君子不重则不威,学则不固。主忠信。"意为君子如果不庄重,就没有威严;即使读书,所学的也不会巩固;要以忠和信两种道德为主。孔子对诚信的看法在当代仍具有现实意义,在社会中,人与人之间需要诚信,一个人只有具备诚信的品质,才具备在社会立足的基点。

(三)诚信是基本的交友之道

曾子曰:"吾日三省吾身——为人谋而不忠乎?与朋友交而不信乎?传不习乎?"意为

我每天都要做多次自我检讨——为主人出谋献计做到忠心不二了吗？与朋友交往合作做到诚信了吗？老师传授的学业是否认真学习了？友谊应该建立在诚信的基础上，我们在与朋友的交往中，自己要做到言而有信，才能达到朋友之间推心置腹、无私帮助的状态。若是朋友间存在欺诈行为，友谊就不可能持久，迟早会破裂，不复存在。同时，我们也要结识讲诚信的人，孔子也说过"益者三友……友直，友谅，友多闻，益矣"。交到讲诚信的朋友对我们自身也是很有益处的。

（四）诚信是社会稳定发展的保障

在社会生活中，讲信誉、守信用不仅是我们对自身的一种约束和要求，也是他人对我们的一种希望和要求。如果一个从业人员不能诚实守信，那么他所代表的社会团体或是经济实体就得不到人们的信任，无法与社会进行经济交往，或是对社会缺乏号召力和影响力。社会的各个领域都需要诚信。在政治领域，为政者须做到对人民讲信用，才能获得广大人民群众的拥护；在经济领域，商业活动必须讲究诚信，行业才能稳定发展；在社会生活领域，人与人之间、群体与群体之间讲诚信，社会才能和谐有序运行。因此，诚信是社会稳定发展的保障。

你是如何看待诚信的？

第二节　大学生诚信缺失的主要表现

在当代大学生群体中，大多数学生能把诚信道德视为做人的准则，但是我们依然不容乐观，在大学生的学习、生活、就业等不同阶段均有不同程度的诚信缺失问题，主要表现如下：

一、在日常生活中的诚信缺失

（一）与人交往不诚信

受社会某些不良风气的影响，有的大学生摒弃了诚信待人的准则，在生活中对父母、师长和同学缺乏诚信，弄虚作假，以获取自身利益。他们不如实向父母汇报在校情况，为逃脱父母责备而虚报学习成绩，这样导致自身的发展情况更加糟糕，学习上更加不用心；对师长布置的学习任务不认真对待，责任意识淡薄；与同学交往不够诚实，没有认识到以诚待人的重要性，导致很难找到知心朋友。

（二）网络行为不诚信

随着信息时代的到来，网络已普及各个高校，但由于网络存在监督不力、难以约束等问题，部分诚信缺失的大学生道德意识不足，在网络上散布不实言论，传播虚假信息，从未考虑过法律责任。在虚拟的网络中，有个别学生为获得利益，充当"黑客"，盗取他人重要信息，制造、传播病毒，扰乱正常的网络秩序。个别学生则为吸引公众眼球，散布虚假信息，严重影响学校秩序，甚至对学校的名誉造成损害。当然，绝大部分学生还是重诚信的，只是由于生活阅历所限，没能意识到这种行为的危害，加上现在网络发达，一些不法分子便利用部分大学生法律意识淡薄的弱点，利用他们来传播有害社会的言论。因此，大学生应当擦亮眼睛，以防被人利用。

（三）经济行为不诚信

1. 提交虚假家庭经济情况证明

有些家庭不是很困难、经济条件尚不足以申请困难奖助学金的大学生，为了获得额外的生活费，不惜伪造困难证明，骗取班级同学的信任，在领取奖助学金后却铺张浪费，在校园中造成恶劣的影响。

2. 恶意拖欠国家助学贷款

部分贷款的大学生还款意识淡薄，觉得毕业后逾期几年还款也无所谓，甚至出现恶意拖欠贷款的现象，给国家造成十分重大的损失，给银行信贷工作带来不良影响，直接影响了一些银行继续办理国家助学贷款的信心，使助学贷款政策遭受"诚信危机"的挑战。

3. 恶意拖欠学费

高校中还出现一些并不是贫困生的大学生欠费不缴的现象。

二、在学习过程中的诚信缺失

（一）考试作弊

考试作弊是一种对自己、家庭及他人不负责任的行为，但仍有部分平时学习不用功的学生，为了考试及格、考取高分而作弊。

（二）论文抄袭

很多高校的学生中盛传"天下文章一大抄，他抄你抄我也抄""文章＝剪刀＋糨糊"这样的顺口溜。这在一定程度上反映了部分学生对于学术论文、毕业设计弄虚作假，对剽窃他人成果的行为不以为意。大学生抄袭论文，或许能节省很多时间，减轻很多负担，但是这样做其实是很不明智的，违反了相关的法律法规和校纪校规，抄袭者将付出无法挽回的代价。

（三）旷课逃课

如今，大学生逃课现象较严重，甚至出现"没逃过课的学生不是好学生"言论。这反映了部分学生对自身要求不严格、学习态度不端正的现状。有的学生为逃课而编造理由请假，有的学生为躲避老师点名而找别人代替出席，这些现象都是诚信缺失的表现。从另一个角度来讲，上课是我们获取知识的途径，若总是逃课，大学时光这样虚度，对自己也是不负责任的。

三、在就业过程中的诚信缺失

（一）简历造假

中国的高等教育已经进入大众化阶段，这意味着在人才市场上每年都将涌现越来越多的大学毕业生，大学生的就业竞争更加激烈。为了获得一份好的工作，部分大学生伪造学习成绩、各种等级证书，编造在校期间的荣誉奖励情况、任职情况等。于是招聘会上人人都是优秀班干部、三好学生，人人都有一叠荣誉证书，人人都有一流的外语和计算机水平。部分大学生在求职面试中随意夸大自身能力，被录用之后却未能展现应有的能力，给招聘单位造成不良印象。大学生求职心切可以理解，但是不能因此抛弃诚信。抛弃了诚信，短期内或许能得到些小恩小惠，但是不利于个人长期发展。

（二）随意违约

目前，全国高校毕业生违约现象逐年增多，更有的应届毕业生为了自己所谓的"万无一失"，借用他人就业协议书，同时与多家企业签约。

课堂思考

你觉得应该如何避免不诚信的行为？

第三节　大学生如何做到诚实守信

无论外界给予我们怎样的诚信管理、诚信氛围，要从根本上解决问题，还是要从大学生内在的修养做起。大学生应坚定自己的道德信念，要以严格的个人修养来约束自己。"言必信，行必果"，以良好的道德形象取信于人，在生活中要时刻注意培养诚信品德，在工作和社会活动中则要不断强化诚信意识和观念，把诚信作为信念，以实际行动践行诚信，让诚信贯穿人的一生，成为一生不懈的追求。

一、己所不欲，勿施于人

"己所不欲，勿施于人"出自《论语》，意思是自己不希望他人以某种言行对待自己，自己也不要以那种言行对待他人。我们都希望他人以诚信相待，但现实是当今部分大学生缺乏诚信，不愿意与他人坦诚相见，常常为了自身的利益欺骗身边的人，因而他们也往往无法得到他人的信任。正是因为没能恪守"己所不欲，勿施于人"的信条，他们一切行为以个人利益为中心，只顾及自身的感受，而忽略了他人的感受。因此，大学生在日常生活中要懂得换位思考，不能以自我为中心，而要考虑其他人的感受，以诚待人。

二、说话算数，言而有信

法国文学家巴尔扎克说过："遵守诺言就像保卫你的荣誉一样。"大学生要把诚信作为自身的荣誉，全力保卫这种荣誉，在同学、师长中建立讲诚信的形象。在日常生活中要根据自身的实际情况，不轻易许诺，一旦许下诺言，便要为实现诺言而努力，不可轻易违反诺言，在真正意义上做一个言而有信的人。

三、心怀坦荡，真诚待人

大学生还应做到心怀坦荡，真诚待人。真诚表现在内心就是纯净无染，表现于外就是真实不虚、率真自然，如此则可以做到心怀坦荡、正直无私。"以实待人，非唯益人，益己尤大"，用诚实对待别人，不是只对别人有益，对自己的益处尤其很大。因为人都是喜欢将心比心的，你心怀坦荡，诚信待人，别人自然以同样的态度来对待你。良好的人际关系需要真诚去维持，在大学校园中，需要每一位大学生以真诚对待他人，以真诚感动他人，从而在潜移默化中影响他人，建立诚信的校园环境。

第十三章　诚实守信篇

诚信建设是一个长期、复杂、曲折、渐进的过程。俗话说："罗马不是一天建成的。"短时间内的努力或许未能达到我们预期的最终效果，但我们有理由相信，在社会各界的努力下以及国家政府的引导下，通过学校的教育及学生个人的追求，诚信将能切实走入每个大学生的心灵，诚信散发的光芒必定照耀整个校园、整个社会！让我们谨记：事事务实求真，问心无愧；勇敢承担责任，真诚做人！

 课堂思考

北宋时期著名的文学家和政治家晏殊，14岁被地方官作为"神童"推荐给朝廷。他本来可以不参加科举考试便能得到官职，但他没有这样做，而是毅然参加了考试。事情十分凑巧，那次的考试题目是他曾经做过的，得到过好几位名师的指点。这样，他不费力气就从一千多名考生中脱颖而出，并得到了皇帝的赞赏。但晏殊并没有因此而扬扬自得，相反他在接受皇帝的复试时，把情况如实地告诉了皇帝，并要求另出题目，当堂考他。皇帝与大臣们商议后出了一道难度更大的题目，让晏殊当堂作文。结果，他的文章又得到了皇帝的夸奖。

当时，正值天下太平。于是，京城的大小官员便经常到郊外游玩或在城内的酒楼茶馆举行各种宴会。晏殊家贫，无钱出去吃喝玩乐，只好在家里和兄弟们读写文章。有一天，真宗提升晏殊为辅佐太子读书的东宫官。大臣们惊讶异常，不明白真宗为何做出这样的决定。真宗说："近来群臣经常游玩饮宴，只有晏殊闭门读书，如此自重谨慎，正是东宫官合适的人选。"晏殊谢恩后说："我其实也是个喜欢游玩饮宴的人，只是家贫而已。若我有钱，也早就参与宴游了。"

这两件事，使晏殊在群臣面前树立起了信誉，而宋真宗也更加信任他了。

晏殊的故事给大家怎样的启发呢？

 **课后延伸**

学习课程内容后，围绕"诚信"的主题，组织小组讨论以下问题：
1. 如何看待大学生就业"违约"现象？
2. 大学生应该在哪些方面做到诚实守信？

 经典诵读

诚者天之道也，思诚者人之道也。至诚而不动者，未之有也；不诚，未有能动者也。

【出处】：《孟子·离娄上》

【释义】：诚信是自然的规律，追求诚信是做人的规律。极端真诚而不能使别人感动，这是未曾有过的事；不真诚，是不能感动别人的。

【解读】：诚实守信是为人之本，从业之要。做人是否诚实守信，是一个人品德修养状况和人格的表现。同时，做人是否诚实守信，是能否赢得别人尊重和友善的重要前提条件之一。

— 105 —

第十四章

团 结 互 助

社会主义荣辱观主张"以团结互助为荣,以损人利己为耻",十八大以来,习近平总书记无论是在国内视察还是在国外出访,不论是指导工作,还是部署任务,多次强调"团结"。因为"任何奋斗目标都不会轻轻松松实现",唯有团结一切可以团结的力量,才能动员全体中华儿女共同创造中华民族新的伟业。

课堂导读

我们常说,团结就是力量,团结互助出凝聚力、战斗力和创造力。一块砖,只有堆砌在一起才能成就万丈高楼;一滴水,只有汇入大海才能获得永存。当"团结就是力量"的旋律响起时,我们被中华民族精诚团结、创造辉煌的历史深深震撼,备受鼓舞。苍天有情,人间有爱,团结创造奇迹,关爱凝聚团结。懂得关爱他人,陌生的世界也不再冷漠。今天随着时代前进的步伐,团结互助精神也成为各行各业事业成败的决定因素。

第一节 团结互助的基本内涵

古人云:"孤树结成林不怕风吹,滴水积成海不怕日晒"。创造辉煌,创造奇迹,离不开团结互助!我们每位同学,在平时的学习生活中就应该懂得团结互助,并养成关爱他人的品行。团结、互助、友爱是人生必不可少的道德品质,只有拥有这种优秀的品质,我们才能有机结合起来,担当起建设祖国的重任,社会才能和谐发展。

一、认识团结友爱

(一)团结互助的含义

团结互助是指在人与人之间的关系中,为了实现共同的利益和目标,互相帮助、互相支持、团结协作、共同发展。

(二)团结的来源

"团结"一词很常见,它在某些语境中属于政治用语,但它却来源于近代女性的手工编织用语。"团"原指线团,"结"原指绕结。

上海有个收藏家收藏了一个清代的木制绕线板,成X形的犀牛角状,一端刻有"团",一端刻有"结",说明这木制绕线板是用于团结编织线的。妇女把编织用的线成团地绕结起来,就变得很紧密,难以拆开。因此"团结"就有了和睦、不可离间的寓意。

"五四"后,女性逐渐挣脱了家务的束缚,同男性团结一致,为人道而斗争,于是就把"团结"一词带入了白话文,用以比喻为了集中力量实现共同理想或完成共同任务而联合。

二、团结互助的基本要求

(一) 平等尊重

平等尊重是指在社会生活和人们的职业活动中,不管彼此之间的社会地位、生活条件、工作性质有多大差别,都应一视同仁,平等相待,互相尊重,互相信任,包括上下级之间平等尊重、同事之间相互尊重、师生之间相互尊重、尊重服务对象。

(二) 顾全大局

顾全大局是指在处理个人和集体利益的关系上,要树立全局观念,不计较个人利益,自觉服从整体利益的需要。

(三) 互相学习

互相学习,首先就要做到谦虚谨慎,学人之长,包括向师长学习,向同行学习,向后生学习,向社会各类有经验、长处的人学习等。

(四) 加强协作

加强协作,作为团结互助道德规范的一项基本要求,是指在职业活动中,为了协调从业人员之间,包括工序之间、工种之间、岗位之间、部门之间的关系,完成职业工作任务,彼此之间互相帮助、互相支持、密切配合,搞好协作。包括正确处理好主角与配角的关系和正确看待合作与竞争。

三、大学生团结互助的重要意义

(一) 大学生团结互助是建设和谐校园的必要条件

荣辱观是社会价值观和个人人生观的体现,它渗透在整个社会生活之中,影响着社会的风气,标志着社会的文明程度。因此,树立社会主义荣辱观,是构建和谐社会一个带有根本性的问题。高等学校是传承文明、创造知识、服务社会、传播文化的多功能社会组织,高校的和谐对社会和谐无疑会起到一种示范作用,进而辐射并推动整个社会和谐的到来。然而,"构建和谐校园"是一个庞大而复杂的系统工程,它的实现需要各方面因素的积极配合,需要全体师生的团结互助,共同努力。早在先秦时期,孟子就提出了"天时不如地利,地利不如人和"的传世警句。这就充分说明了只有人们之间的团结互助、相亲相爱,才能"家和万事兴,国和享太平"。历史也反复证明,营造和谐的人际关系,开创"人和"的理想局面,是个人事业成功、社会稳定发展、国家兴旺繁荣的重要保障。况且,人与人之间的团结互助、和睦相处,也是"和谐校园"的应有之意。因此,我们大学生必须培养团结互助的精神,把我们的校园建设成为和衷共济、团结互助的校园。

(二) 大学生团结互助是推进素质教育的客观要求

什么是素质教育?中共中央、国务院《关于深化教育改革全面推进素质教育的决定》明确提出,实施素质教育,就是全面贯彻党的教育方针,以提高国民素质为根本宗旨,以培养创新精神和实践能力为重点,造就"有理想、有道德、有文化、有纪律"的德、智、体、美、劳全面发展的社会主义事业建设者和接班人。可见素质教育固然要求学生具有扎实的科学文化知识，但同时要求学生具有高尚的思想道德品质。青年学生作为21世纪社会主义事业的建设者和接班人，是我国推进改革开放和现代化进程中的一支重要力量，他们的素质和能力直接关系到民族的兴衰和国家的未来。高等学校作为为国家输送人才的重要基地，必然要适应社会的主流价值观念，适应社会道德的评价标准，这样培养出来的学生才是符合素质教育培养目标、符合社会发展需要的人才。而随着现代化程度的提高，社会分工越来越细，人与人之间的联系也更加紧密。因此，当前社会对人才的需求取向已经由单纯地注重业务素质转向注重综合素质，尤其注重从业者的团队意识与团队合作精神。这就要求高等学校应有意识地在大学生中培育团结互助的精神，加强团队协作能力的培养，促进学生的全面发展、全面成才。

（三）大学生团结互助是青年学生个体发展的内在动因

大学阶段是人生发展的重要时期，是大学生世界观、人生观、价值观形成的关键阶段。现代社会生活的多样性，固然给了每个人选择自己生活方式的自由。但不论怎样选择，是非、善恶、美丑的界限是绝对不能混淆的，坚持什么，反对什么，倡导什么，抵制什么，都必须旗帜鲜明。在大学阶段给予青年学生正确的荣辱观教育，帮助他们形成正确的是非、善恶、美丑观念，对于他们今后人生道路的选择具有极其重要的作用。而其中，大学生团结互助亦是关键一环。当代大学生由于独生子女居多，成长环境较为顺利，其生活方式、思想观念、价值取向都发生了较大的转变。他们的心理承受力、意志力相对薄弱，凡事会自觉不自觉地从自我出发来考虑，比较关注自我价值与自我利益的实现，社会责任感较为缺乏，团队合作精神欠缺。因此，引导大学生在集体中磨砺自己，在集体中学会如何与人相处、如何与人共事，在集体中体验团结互助的巨大能量，对青年学生的成长成才无疑更加有利。

 课堂思考

你觉得大学生为什么要团结互助呢？

第二节 大学生团结互助精神缺失的现象及原因

团结互助精神是当代大学生素质教育的重要内容。对于大学生而言，团结互助精神主要包括凝聚力、合作意识和高昂的士气等核心内容。当前，大学生在师生交往、参与班级和校园文化活动等诸多方面都明显地表现出团结协作精神的缺失。

一、大学生在团结互助精神上缺失的表现

当代大学生视野开阔，善于进行自我规划，主流积极健康向上。受市场经济、网络社会的影响，以及大多数大学生独生子女身份的限制，他们在团结互助方面，还存在着以下不足：

（一）不少班级和宿舍的凝聚力不强

作为集体成员之一的大学生表现出合作、团结不够，纪律观念不强，个人主义至上，看问题和处理事情，只从自我出发，不从大局出发，对自己有利的就做，对自己无利的就不做，利大就做，利小就不做，不能从大局出发，不能从别人的角度思考问题，造成了不少班级和宿舍的凝聚力不强。

（二）不少同学在同学之间、师生之间的交往上过于淡漠

有的同学把市场经济的金钱原则与竞争原则泛化拓展领域，在人际交往与合作中，也以此为原则，不注意师生、同学之间感情的培养，轻义重利，以经济状况的贫富为标准，近则相交，远则相离，于己有利则亲近，无利则过于疏远，缺少互帮互助的热情，交往关系上过于淡漠。

（三）不少同学对校园文化活动的参与意识不够

高校校园文化是丰富多彩的，文艺、体育、科技等活动适合不同群体的学生参加，并可以在其中得到锻炼。但是，从现在的团、学干部的体会来看，很多团、学干部普遍感到学生活动远不如以前好组织，其中除了社会的和工作方法的原因之外，不能回避的问题是：同学对国内外时事和校内外大事的关注不够，校院（系）演讲比赛等活动组织的难度增大，社团活动开展的不稳定性增强等，程度不同地反映出大学生群体中的活动参与意识不够的问题。

（四）大学生普遍存在重个人发展而轻社会合作

大学生在成长、发展历程中，比较注意自己的个性张扬，从依赖逐步转向独立和自主，喜欢我行我素，习惯于自己奋斗，不大会主动与他人合作，欠缺与社会、他人的合作意识，对自己应付的社会责任缺乏负责的态度。

二、大学生在团结互助精神上缺失的原因

对于影响大学生团结互助精神缺失原因的分析，应建立在对大学生团结互助精神养成的途径的了解和掌握的基础之上来完成。实战型培训专家余世维先生在对企业人才培训的过程中总结出：团队精神在各种生活过程中的教育与规范，可分为4个阶段：第一，家庭教育，是个伦理问题；第二，学校教育，是个纪律问题；第三，企业培训，是个规章问题；第四，社会熏陶，最终变成一个秩序问题。大学生在学习和成长的过程之中，其团结互助精神缺失的原因可以从以下几个方面来理解：

（一）成长环境差距带来的冲击

改革开放以来，我国经济建设取得了巨大的成就。但是，由于发展的不平衡，客观上存在着较大的贫富差距。大学校园里聚集着来自不同的经济地位、社会地位、家庭背景的学生，他们虽然年龄和阅历相近，却在学习生活条件上存在着差距。他们整天在同一个教室上课，同一个食堂进餐，同一间寝室休息，全方位、全时段地接触与交往，使这种贫与富的差距被浓缩、汇集在一起，显得更加明显和强烈。学生家庭乃至学生个体个人境遇和命运的差异性、多样性与偶然性得到突显，学生间以贫富来划分活动圈子，贫与富的不和谐甚至导致了"仇富""厌贫"心态。再加上当前大学生多是独生子女，优越顺利的家庭环境，没有同龄人的成长状态，使他们在人际关系处理方面缺乏必要的经验，思考问题时又常以自我为中心，遇到矛盾往往归咎于他人，这些就使得在大学生中建立团结友爱、互帮互助、共同进步

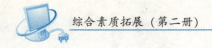

的关系比较困难。

（二）高教改革深化带来的冲击

高教改革的不断深化为高校全面实施素质教育开辟了广阔的空间。但改革过程中又不可避免地带来了一些尚未解决且不容回避的问题，比如学分制、后勤社会化、重智育轻德育等使得高校传统的团结互助精神的教育载体受到了很大的冲击。从学生的角度而言，由于学分制的实行，他们的学习和生活就不再仅仅局限于一个班级、一个院系当中。传统意义上的班集体，因为学生不同的价值取向、不同的学术追求、不同的生活方式被打破。而后勤社会化的发展，学生食宿上的商业化、市场化运作模式，就更加弱化了学生的团队、集体观念，弱化了班集体、院系等对学生团结互助精神的教育引导功能。况且取而代之的新教育平台的构建仍处于探索阶段，这也客观上给大学生团结互助精神的培育造成困难。

（三）信息网络化的高度普及带来的冲击

当今世界已进入信息化时代，飞速发展的信息技术正深刻地改变着青年学生的生活，使他们的生活方式、学习方式、交友方式、娱乐方式等都发生着巨大的变化，网络已经成为大学生生活内容的重心之一。在个人视野得到相当广度的拓宽时，网络中虚假、色情、暴力、虚拟的信息却也大量膨胀，网络虚幻的美好与现实之间的巨大反差撞击着传统的文明与道德观念。而沉迷于虚拟世界的人际交往之中，在一定程度上也会引发心理的孤独与压抑，造成大学生与社会、集体的分隔化、孤立化，这就弱化了个人对集体的依赖，甚至在青年学生的观念中制造了个人离开他人、离开集体依然可以生活得多姿多彩的假象，在很大程度上导致了青年学生集体观念的淡薄，团结互助精神的缺失。

（四）市场经济引发的就业压力带来的冲击

现阶段，改革开放和社会主义市场经济深入发展，我国大学生就业制度的改革也不断深化。市场导向、政府调控、学校推荐、学生和用人单位双向选择的用人制度已经形成。但与此同时，随着我国高等教育大众化阶段的到来，大学毕业生的数量呈逐年上升趋势，而社会提供的就业岗位相对偏少，造成了大学生就业相对困难。这迫使处于改革大潮中的青年学生，适应经济发展的观念更新日益加快，他们的价值取向、利益追求和成长成才需要等呈现出多元化的趋势。为了能在毕业之时及时顺利地搭上就业快车，有的大学生便早早地通过打工等方式加大与社会的接触，有的则在入党、担任学生干部等方面锤炼自己的综合素质，有的就通过各种考级考证活动为今后的就业增加砝码，等等。繁忙的社会活动占去了大部分的业余时间，彼此间的交流沟通日渐减少，而无形中的任职与就业竞争又或多或少地引发着彼此间的矛盾与摩擦，这些都给集体成员的团结互助带来困难，甚至造成彼此间的疏远与隔膜。

三、情景案例

情景1：运动会的报名工作就要结束了，可是（3）班的报名者却寥寥无几。于是，体育委员又再一次地去动员同学。

体委（哀求的语气）："小宁，现在还没有人报名参加长跑，而你又擅长长跑，这次运动会你就代表我们班参赛吧？"

小宁（事不关己）："我不去，要去你自己去。这么多同学，为什么要我参加？"

体委（无奈）："为了我们班的利益，你就参赛吧！报名为我们班争光！"

小宁（愤愤不平）："班级又不是我一个人的，不关我的事。"（说完转身就走出教室）

体委无可奈何，只能动员其他的同学了。但刚才还在谈笑风生的同学一看见体委过来，立刻走出教室。

讨论：（3）班的同学为什么不愿意报名参加运动会？这个班集体存在什么问题？

情景2：一个同学走路，因路滑不小心踩到另一个同学，使得这同学很气愤，结果两人吵起来。

情景3：课代表考单词，有同学不写，课代表批评了那个同学，那个同学破口大骂。

课堂思考

这些现象在大学校园并不陌生。我们这一代是"独生子女"为主的一代，出生于中国富强的时期，成长于改革开放的大发展时期，家庭生活已经富裕，没有经历过父辈的贫穷，家庭的宠爱，让我们不自觉地形成了一种家中"小皇帝"的身份。四老的溺爱、父母的疼爱让我们无形中养成了很多的"个性"，"唯我独尊，比较自我"又是诸多个性中的共性。如此多的"自我"共处于一个集体当中，无疑会产生类似以上的很多问题。但是，每个同学又都会渴望一种纯洁的友谊，向往一个和谐友爱的集体。那么请大家思考：什么是团结互助和团队精神呢？大家如何在这方面做得更好？

第三节　大学生如何做到团结互助

随着知识经济时代的到来和社会主义现代化建设事业的加快发展，当代社会对人际交往与合作的要求越来越高，许多企事业单位都期望大学毕业生具有团队精神。然而，我们常常在用人单位得到这样的信息：不少的毕业生专业上是合格的，在敬业精神和团队互助能力上，却往往表现得不尽如人意。这一问题的出现值得我们认真地反思。那么，我们大学生应该如何做到团结互助呢？

（一）平等尊重

平等尊重是指在社会生活和人们的职业活动中，不管彼此之间的社会地位、生活条件、工作性质有多大差别，都应一视同仁，平等相待，互相尊重，互相信任。

（二）顾全大局

顾全大局是指在处理个人和集体利益的关系上，要树立全局观念，不计较个人利益，自觉服从集体利益的需要。尤其在个人利益和班级利益起冲突时，应该优先顾及班级集体利益。

（三）互相学习

互相学习，首先要做到谦虚谨慎，学人之长，补己之短。包括向师长学习，向同学学习，向社会各类有经验、有长处的人学习等。

（四）加强协作

加强协作，作为团结互助道德规范的一项基本要求，是指在学习过程中，为了协调同学之间，包括朋友之间、队友之间、室友之间的关系，完成学习工作任务，彼此之间要互相帮助、互相支持、密切配合，搞好协作，也要正确地看待合作与竞争的关系。

随着社会的发展，培养团结互助精神应作为高校培养大学生品德素质的一个重要目标。团结互助精神不是与生俱来的，必须通过后天教育获得，因此，在对大学生教育过程中，要重视团结互助精神的教育，通过多种有利的渠道，结合社会对人才的需求，加强大学生团结互助方面的理论学习。

人生路上，我们难免会遇到挫折、失败和困难，这些往往并不是一个人的力量就可以解决的，很多时候是需要外界帮助的。也许独来独往是自己的个性，但是当自己不能解决的时候，你会忽然发现原来融入集体是那么重要。团结、合作的力量是巨大的，是可以创造奇迹的。一个团结的集体所遇到的任何困难都会迎刃而解，因为集体拥有个人无法比拟的无穷智慧。虽然我们每个人不是最优秀的，但我们在一起就可以组成一个最优秀的集体——友爱产生动力，和谐铸就辉煌，团结就是力量！

课后延伸

同学们，回望过去，展望未来，你能做到与他人团结互助吗？你应该怎么做呢？谈谈你的心得体会。

经典诵读

二人同心，其利断金；同心之言，其臭如兰。

【出处】：《周易·系辞上》

【释义】：两人心意相同，行动一致的力量犹如利刃可以截断金属；同心同德的人的意见给人的感觉像兰草那样芬芳、高雅，娓娓动听。

【解读】：在任何时候团结都很重要。在家庭中，不仅夫妻要团结，兄弟也要团结。"兄弟阋于墙，外御其侮"是说兄弟们即使在家闹别扭，对外也要团结一致，共御外侮。在班级中，同学间要团结；在工作中，同事间要团结；在国家中，各兄弟民族之间要精诚团结。团结就有力量和智慧。

第十五章

勤俭节约

天下之事，常成于俭朴败于奢靡。节俭是一切美德之源，节俭也体现着个人及整个民族的素质。试想，小到一个人、一个家庭，大到一个集体、一个国家，如果奢靡之风盛行，攀比之风越演越烈，还谈何经济发展，还谈何文明进步。

课堂导读

毛泽东要求别人的自己首先做到。他一生粗茶淡饭，睡硬板床，穿粗布衣，生活极为简朴，一件睡衣竟然补了 73 次、穿了 20 年。经济困难时期，他自己主动减薪、降低生活标准，不吃鱼肉、水果。20 世纪 60 年代，有一次他召开会议到中午还没有结束，他留大家吃午饭，餐桌上一大盆肉丸熬白菜、几小碟咸菜，主食是烧饼。伟人在勤俭节约方面为国人做出了表率。

第一节　勤俭节约的内涵和意义

一、什么是勤俭节约

勤俭节约的意思是勤劳而节俭，形容工作勤劳，生活节俭。中华民族勤劳勇敢，自力更生，艰苦奋斗，勤俭节约，廉明正直。中国人民的勤俭节约，从劳苦大众到帝王将相的例子数不胜数，如西汉文帝取消露台营建计划，东汉光武帝严禁宫女穿拖到地面的长裙，隋文帝平日用饭穿衣简朴，五代后周太祖郭威停止四方贡献珍美食物。我国有许多高级领导也以身垂范，廉洁公正，两袖清风，像周恩来等老一辈无产阶级革命家都有很多勤俭节约的感人故事。勤俭持家、勤政为民正是中国人共同的价值取向。

二、勤俭节约，是修身之本

诸葛亮给他儿子的《诫子书》讲道："夫君子之行，静以修身，俭以养德。非淡泊无以明志，非宁静无以致远。"君子要修身养德一定要守静。如果内心羡慕荣华富贵，这个心就静不下来。所以要想心静下来，一定要节俭，节俭就是降低自己的欲望。生活要简单，用节俭来养自己的德行。如果一个人生活非常奢华，德行不可能很高。即使有条件过很好的日子也要节俭，要以苦为师。淡泊是指不追求名利，这个时候心清静，志向就明，念念不忘自己的志向，修学就会很快速。"宁静致远"是讲只有心清静，才能够深谋远虑，才会有智慧。

如果一个人奢侈，铺张浪费，追求物欲，他的心就不清静，做出的各种决策就未必是有智慧的选择。一个人没有智慧，就一定会有灾祸。

三、勤俭节约，是治国之基

无论是一个家，还是一个国，要想富裕并不难。《大学》上讲："生财有大道。生之者众，食之者寡，为之者疾，用之者舒，则财恒足矣。"也就是说，从事生产的人要多，享用的人要少，生产得要快，用度要慢，这样的话，财富就恒足了。总结起来就是"勤俭"二字。也就是我们常常讲的开源和节流，勤就是开源，俭就是节流。富国之道根本在此，经营一个企业、一个单位、一个家庭根本也是如此。

在《群书治要》的《政要论》里面讲道："历观有家有国，其得之也，莫不阶于俭约；其失之也，莫不由于奢侈。俭者节欲，奢者放情。放情者危，节欲者安。"意思是，历朝历代无论是国家还是家族，能够兴盛，往往都是由于能够节约。家道衰败，国家灭亡，也都是因为奢侈。因此，勤俭节约是治国之基。

 课堂讨论

说说你身边有哪些勤俭节约的好榜样。

第二节　大学生勤俭节约意识缺失的表征及成因

我国在建成小康社会的进程中，人们的消费水平显著提升，但消费中物欲横流、铺张浪费现象的蔓延实在令人担忧。受社会不良消费风气的影响，部分大学生节俭意识严重缺失，这种缺失"弥漫"大学生消费的全过程，极易造成消费取向的偏差、消费行为的失误。

一、节俭意识缺失的表征

1. 生活消费讲究排场

当代大学生受舶来的拜金主义、享乐主义思想冲击的力度超越以往，尤其是社会上讲排场、高消费等消费现象刺激着大学生的消费欲望，部分大学生的物质诉求急速攀高，生活消费中节俭意识的缺失已经不只是停留在舌尖上的浪费、水电的浪费，而是快速发展为讲究排场，追求"花式"消费，生活消费新潮化、品牌化、特色化、高端化、崇洋化、炫富化，讲究排场已成为大学生节俭意识养成与道德品格提升的羁绊。

2. 生活资源浪费严重

在高校的日常生活中，大学生资源浪费现象比比皆是，突出表现在水、电和粮食三方面。未关的水龙头、24小时开机的电脑、夜间睡觉不关灯现象、餐桌上吃不干净的粮食等，这些道德品质缺失的现象，不正说明勤俭节约这一中华民族的传统美德正在逐步被大学生所遗忘吗？

3. 学习消费追求奢侈

科技不断发展的今天，学习用品不仅科技含量越来越高，而且款式新颖，新品层出不穷，可谓"琳琅满目"，部分大学生禁不住诱惑，追求奢侈消费，一方面是虚荣心在作怪，为了展示自己的"品位"，不惜高价大量购买精装书；另一方面是为了"体面"，购买昂贵的高科技学习用品，如高配电脑、高端电子词典等。奢侈消费虽只限于少部分大学生，但其"震撼"作用之大，一定程度上推动大学生中涌起无度、炫富、奢侈消费的"暗流"，后患无穷。

4. 交往消费过度挥霍

在人际交往中，绝大多数的大学生都崇尚理性适度的消费，但也有部分大学生为了炫耀自己而过度挥霍，铺张浪费：既有豪华型聚餐，追逐"高雅潇洒"；也有奢华型礼物往来，展示"豪爽"；还有随意型附加消费，不断更换手机和"笔记本"，"打的"出行等，尽显"大款"风范；甚至无视父母的省吃俭用、艰辛劳作。这种不假思索、无度挥霍的消费，直接影响大学生节俭品格的养成。

5. 恋爱消费崇尚虚荣

恋爱中的大学生为了培养爱情，不可避免地要进行各种"投资"，不仅有时间与情感的投入，还要有物质上的投入，因此，名目繁多的消费接踵而来，部分恋爱的大学生崇尚虚荣，无论是选择约会地点、赠送礼物，还是请客吃饭、娱乐旅游，都是大手笔、求前卫、摆阔气，不惜付出"高昂"的代价，可谓"消费诚可贵，爱情价更高。若为恋爱故，钱物皆可抛"。崇尚虚荣的恋爱消费折射出大学生重物质、轻情感的扭曲的恋爱观问题，不仅影响节俭意识的提升，而且严重影响正常的学习与生活。

6. 择业消费盲目浪费

当今社会，大学生就业可谓困难重重，为了提高就业的可能性，全方位准备势在必行，这些准备不只是专业技能，还要有物质上的"匹配"，消费数额与日俱增，很多大学生为就业成功，"重金"准备，一方面盲目报班，大量投入，陷入了培训"狂潮"；另一方面高价"包装"，塑造形象，博取青睐，不惜购买高档服装、制作昂贵花哨的简历。盲目投入，不计其数，各种浪费，令人咋舌。

二、节俭意识缺失的成因分析

"历览前贤国与家，成由勤俭败由奢"。大学生是国家未来的建设者与接班人，如不及时解决大学生节俭意识缺失问题，则直接影响国家的发展与社会主义事业的成功。要从根源上解决这一问题，必须厘清大学生节俭意识缺失的主客观原因。

1. 客观环境因素的诱导

引发大学生节俭意识缺失的客观因素包括国外与国内两个维度：一是国外各种消费思潮的侵蚀。改革开放使国外的各种消费思想不断涌入，其中不乏与社会主义消费观念相悖的享乐主义、个人主义、拜金主义思想的侵蚀，这些消极思想侵蚀速度快、影响深，直接引发大学生消费过于追求个人的尽情享受、盲目拜金、攀比炫富、虚荣无度等问题。二是国内各领域负能量的"催化"。首先，社会环境的负向诱导。社会经济的发展必然带动消费的增长与消费欲望的提升，但同时也引发了一系列负面问题，节俭传统被遗忘、节俭意识淡化、节俭心理隐退、节俭行为被蔑视，相反，铺张浪费，挥霍无度的负效应有增无减。其次，学校节俭教育滞后。高校的节俭教育虽有优良传统，但不能做到与时俱进，校园文化中削弱了节俭知识的传播，减弱了节俭情感的培养，尤其是校园内豪车族、品牌族、潮流族的出现，很大程度上冲击了高校节俭教育，为节俭意识的深化"设置"了障碍。再次，家庭的潜移默化。家庭是大学生接触最多、影响最大的社会组织"细胞"，家庭成员的一举一动"感化"着大学生，随着生活富足度的增加，多数家庭的节俭意识越来越薄弱，甚至被一些富裕家庭完全颠覆，高档奢侈消费、铺张浪费潜移默化地影响着大学生，这种影响常常"沁心入脾"，增加了节俭教育的难度。

2. 主观能力因素的限制

当代大学生虽被称为"天之骄子"，可是人无完人，有限的能力左右着大学生节俭意识的养成与行为的取舍，表现为：第一，学习节俭知识缺乏主动性。现在的大学生很务实，精力多用在实用知识的学习上，对节俭知识的学习不重视、不自觉、缺乏主动性，很少有人翻阅相关的书籍、收集相关材料、甚至对节俭教育嗤之以鼻。第二，强化节俭情感动力不足。由于多数大学生都成长于舒适的环境中，勤俭节约，艰苦奋斗对他们来说遥远、陌生，对节俭的感情淡漠，培养节俭情感的动力严重不足，很难产生情感的共鸣。第三，节俭心理调适困难。现代社会倡导消费刺激经济发展，对节俭宣传不屑一顾，甚至悖论众多，自然导致了大学生对节俭的强烈逆反，自我调适困难重重，以至于根本无法实现。第四，节俭行为自控能力有限。由于大学生正处于成长阶段，自控能力有限，当面临着计划消费与随意消费、厉行节俭与铺张浪费的选择时，自然有一定的难度，需要及时的引导与教育。因此，强化节俭教育，提升大学生节俭能力，虽是高校思想政治教育的传统内容，但却面临着新的挑战。

课堂思考

如何看待大学生相互攀比现象？

第三节 大学生如何养成勤俭节约的好习惯

"节以修身，俭以养德"，节俭是个人高尚道德人格的标志，大学生培养勤俭节约意识，提升大学生道德人格，要从生活点滴小事做起。

一、节约用水

珍惜水资源，提倡循环使用自来水，自觉做到爱水、惜水、节水，严格做到人走水断流，不用"长流水"；发现损坏及时报修；洗刷拖把不过量用水。

二、节约用电

充分利用自然光照，离室关电，避免"白昼灯""长明灯"；使用完计算机、打印机、复印机、饮水机等设备后，及时断电，减少待机损耗；在教室学习结束和就寝后，及时关掉相应电器的电源,做到人走灯灭;充电电池要及时取下。

三、节约用钱,合理消费

不盲目攀比,不超前消费,学会精打细算,充分利用学习用品,养成善于理财的好习惯。

四、节约粮食,合理饮食

积极倡导餐桌文明之风,在食堂用餐盛饭时要适量,坚持吃多少盛多少,不浪费一粒粮食。

五、勤俭节约小妙招

1. 节约用水篇

(1) 点滴节水,就要深入生活的点滴中去。比如,刷牙、取洗手液、抹肥皂时都要及时关掉水龙头;不要用抽水马桶冲掉烟头和碎细废物,而应该直接丢到垃圾袋中;洗土豆、萝卜等应先削皮后清洗;正在用水时,如需开门、接电话等要及时关闭水龙头。别小看这些琐碎的细节,养成好习惯,一个月下来能省下不少水呢。

节约指数调查:★★★★

(2) 该用盆时就用盆。比如平时洗手、洗衣服及洗菜等,应该用盆洗涤,不仅省水,用完的水还可以放在桶里用来洗墩布或者冲厕所。

节约指数调查:★★★★★

(3) 洗漱应用固定器皿。许多人习惯用流动水洗脸,认为那样既省事又卫生。其实,只要定期清洁脸盆,还是提倡使用脸盆洗脸的。刷牙也是,许多人习惯边放自来水,边刷牙,这样不间断放水 30 秒,用水量约 6 升;而用口杯接水,3 口杯足以应对一次刷牙,用水量仅 0.6 升。三口之家每日刷牙两次,如采用这种节水办法,每月可节水 486 升。

节约指数调查:★★★★★

2. 轻松节电篇

(1) 每个家庭只要做到每天随手关灯、关电器,就相当于省了一盏 30 瓦的白炽灯的电能,一个月可省电 18 度。

(2) 节能灯比白炽灯省电 70% 左右,假如将家中的两盏 40 瓦白炽灯更换为 13 瓦的节能灯后,按每天点灯 4 小时计算,一个月可省电 7.2 度。

(3) 按夏季空调每天运行 10 小时计算,在不影响舒适度的前提下,将家中的空调温度调高 1 摄氏度,每天可省电 0.5 度,一个月可省电 15 度。

(4) 使用空调时,可以在刚开机的时候,设置成高冷或高热以尽快达到调温效果,当温度适宜时,就改成中、低风既可以减少能耗,也可以降低噪声。另外,通风开关不要处于常开状态,否则也会增加耗电量;还要注意空调不用时,就随手切断电源。

节约指数调查:★★★★

(5) 现在计算机都具有绿色节电功能,可设置休眠等待时间,通常设在 15 分钟至 30 分钟之间。当计算机在等待时间内没有接到任何指令,就会进入"休眠"状态,自动降低机器的运行速度、降低 CPU 运行的频率、硬盘停转,直到被外来信号"唤醒"。

节约指数调查：★★★★

（6）暂停使用计算机时，如果预计暂停时间小于1小时，建议将计算机置于待机状态，如果暂停时间大于1小时，最好彻底关机。正常关机应拔下电源插头或关闭电源接线板上的开关，并逐步养成这种彻底断电的习惯，而不要让其处于通电状态。

节约指数调查：★★★★

课堂思考

通过课程学习，谈谈大学生如何以身作则，做到勤俭节约。

如果有条件，去食堂进行"光盘行动"劝导活动。

经典诵读

克勤于邦，克俭于家。

【出处】：《尚书·大禹谟》

【释义】：在国家事业上要勤劳，在家庭生活上要节俭。

【解读】：节约是一种美德，一种修养，更是对国家、民族和家庭的一种责任，一种力量；节约体现的是一种忧患意识，一种可持续发展的深谋远虑。勤俭节约的美德如甘霖，能让贫穷的土地开出富裕的花；勤俭节约的美德似雨露，能让富有的土地结下智慧的果。

第十六章

乐 于 奉 献

奉献是崇高的精神境界，是美好的人生追求。青年只有不断地为国家、为社会、为人民奉献，才能够创造出亮丽的青春年华，才能够实现自己的人生价值。青年作为改革开放和现代化建设事业的生力军和突击队，有责任、有义务为祖国的建设和发展贡献力量、奉献才智。全体大学生青年一定要响应党的号召，服从大局需要，到艰苦的地方去，到需要的地方去，扎根基层，深入一线，辛勤耕耘，埋头苦干，让青春在奉献中闪光，让人生的价值在奉献中实现。

 课堂导读

小时候，我们把父母对我们的爱，当作理所当然、天经地义，因为我们不了解，也不知道父母的辛苦。可是当我们换位思考一下，在以后的将来，我们自己有了小孩后，你觉得父母对我们的爱，还是理所当然、天经地义的吗？可是又有多少人会把父母放在第一位呢？有的人总是不断抱怨父母这样不好、那样不对，对父母的行为挑三拣四、横加指责，甚至直接顶撞父母。有些人连父母的工作单位在哪都不知道，也不知道父母的身体健康状况，甚至有些人可能连父母的生日都记不清楚了。想想看，父母为了我们付出了多少心血和精力啊！

在我们孤独的时候，站在身后陪伴自己的是父母；在我们面对困难想要放弃的时候，站在身后鼓励自己，为自己加油的是父母；在我们受伤、害怕的时候，站在身后保护自己的是父母；当我们受委屈时，能耐心听我们哭诉的是父母；当我们犯错误时，能毫不犹豫地原谅我们的是父母；当我们取得成功时，会衷心为我们庆祝的是父母。然而，他们却不求其他，只求我们平安、健康、幸福。

我们的父母因爱而奉献自己的一切。爱让人执着向前，奉献使人生有了自身的价值，而人有了爱与奉献，人生就是有价值、有意义的人生，人生就会越发精彩。

第一节 奉献知多少

作为一名当代大学生，谈及奉献时，我们可曾知道到底什么是奉献？其实奉献是一种崇高的精神境界，是一种高尚的情操，更是一种不求回报的给予。奉献可以是在国家和人民需要的关键时刻挺身而出的勇敢，也可以是渗透在日常的生活和工作中的默默坚持。正如爱因斯坦说过的："人生的价值，不看他得到了什么，而要看他奉献了什么。"对个人而言，就是要在这份爱的召唤之下,把本职工作当成一项事业来热爱和完成,从点点滴滴中寻找乐趣;努力做好每一件事、认真善待每一个人,全心全意为同学和社会服务,履行党和人民赋予的光荣职责。努力地用这份爱去感染身边的每一个人,使大家都用自己的无私奉献编织出社会主义的美好蓝图。

战争年代,英雄们抛头颅、洒热血,用青春和生命换来的是全国的解放;和平年代,孔繁森把自己的一生奉献在阿里,得到的是藏族人民的敬重。而作为新时代中学生的我们,生活在这个物质文明高度发展的时代,却常常不懂得珍惜幸福生活,觉得这一切是应该的,只知道一味地索取,从没想到过要回报。其实我们享受的每一份物质文明和精神文明的成果都来源于周围的奉献!

乐于奉献主要是为别人默默付出,心甘情愿,不图回报,把奉献当作快乐的事。奉献是不计报酬的给予,是"有一分热发一分光",是"我为人人"。奉献者付出的是青春,是汗水,是热情,是一种无私的爱心,甚至是无价的生命。因为有人奉献,社会的物质财富和精神财富才会不断增加,人类才会不断前进。本节通过对乐于奉献的典型人物——雷锋同志事迹的学习,来了解奉献的内涵。

雷锋精神是一面永不褪色的旗帜,一座永放光芒的灯塔,是我们这个民族和国家宝贵的精神财富。雷锋最让人敬佩的就是其无私奉献的精神。

雷锋无私奉献的小故事篇1　火车站扶老携幼

一天,雷锋登上了从抚顺到沈阳的列车。你看他,一上车就忙个不停。他主动帮列车员扫地、擦玻璃、收拾桌子,给旅客倒开水,帮助妇女抱孩子,给老人找座位。一会儿,就忙得满头大汗。别人叫他休息,他总说不累。

到沈阳站换车的时候,雷锋在车站内发现一位背着孩子的中年妇女因丢了车票而焦急万分。他急忙上前问明了情况,原来这位妇女是从山东来的,要去吉林探望孩子他爹。雷锋就安慰她不要着急,并领着她到售票处用自己的津贴费买了一张去吉林的车票。大嫂接过车票,热泪夺眶而出。

又一次,雷锋到丹东做报告回来,早晨5点钟到沈阳换车回部队,过地下道时,他看见一位老大娘,拄着棍、背着大包袱,很吃力地走着。雷锋迎上去一问,知道大娘从关内来,是到抚顺去看儿子的。雷锋立即把包袱接了过来,一手扶着老人说:"大娘,我送你到抚顺去。"

老人高兴得不知说什么好。上车后,雷锋给老人找了座位,自己就站在老人身边。他问老人的儿子是干什么的,叫什么名字,住在哪里。老人说儿子是煤矿工人,出来好几年了,老人没有来过抚顺,还不知道儿子住在哪里。说着从怀里掏出一封信,递给了雷锋。他看了信封上的地址,写的是"抚顺市××信箱",他也不知道,但他知道老人找儿子的迫切心情,就说:"大娘,您放心,我一定帮您找到儿子。"

"那敢情好!"老人高兴得眉开眼笑。

火车进站后,他们一起找了两个多小时,终于帮助老人找到了儿子。母子见面,老人的第一句话是:"儿呀,若不是这孩子一路送我,娘怕还找不到你呢。"

老人的儿子拉着雷锋的手,一再表示感谢。

雷锋无私奉献的小故事篇2　为社会主义建设添砖

有一个星期天,雷锋肚子痛,他趴在床上忍了一会儿,想硬挺过去,但又一想,明天还

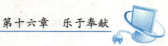

要出车,这样疼下去可不行,赶快爬了起来,跑到卫生连。

值班医生问了问病情,按了按肚子,给了些药片,嘱咐说:"不要紧,回去用热水袋压一压肚子,好好休息休息就好了,可别再累着呀!"

雷锋往回走,路过一个建筑工地,工地上那热烈的劳动场面,一下子把他吸引住了。他心里赞叹着:"嘿,真了不起,不久以前,这里还是一片煤渣地,现在就要盖起高楼大厦了。"在这里劳动的人,个个汗流浃背,干劲十足。砌砖的和运砖的,展开了社会主义劳动竞赛,扩音器里响着一个尖嗓子姑娘的声音,鼓动得整个工地热气腾腾的。

他正要离开这里,忽听得那尖嗓子姑娘喊道:"砌砖的同志大显身手,以每小时一千二百块的速度,打破了过去的纪录,运砖的同志加油呀!"雷锋回身一看,见运砖的两人一辆小车,一个拉一个推,个个干得挺欢,还是供不上砌砖的需要。他忘了肚子痛,跑到推砖场,操起一辆小车就干起来。他一个人推一辆车,装得满满的;上坡时挺费力,几个工人赶来帮助他,有个工人问道:"同志,谁叫你来的?"雷锋笑着逗他说:"你们叫我来的呀!""我们?""是呀,你们为了社会主义,干得热火朝天,就不许我来吗?"

雷锋觉得能为社会主义建设添一块砖,也是好的,他越干越高兴,推着小车跑得飞快,一口气推了十几车,脸上的汗珠子直淌,衣服全湿透了。工地上的人都很纳闷:"哪儿来了这么个解放军战士,干得这么带劲!"有的说:"嘿,真了不起,解放军同志干什么都是好样的!"

有一位工人端来一碗水,对雷锋说:"同志,喝碗水,休息一下吧。"

雷锋说:"不累,谢谢。"接过碗,一饮而尽,用手背抹了抹嘴,又推砖去了。

运砖供应不上的情况很快转变了。当雷锋刚刚装好一车砖的时候,尖嗓子的广播员甩着辫子跑出来,问雷锋:

"喂,同志,你是哪个部队的?叫什么名字?"

"你问这个干啥?"

"你给我们带来很大鼓舞,大家要求写篇稿子表扬表扬你。"

雷锋说:"我今天没事儿,到这儿干点活是应该的。有啥可表扬的。"说罢,推上车就走。

广播员感动地望着他的背影,自言自语:"还向我保密哩,我非打听出你的名字不可!"

整个工地你追我赶,热火朝天,大家越干越欢。上半天,超额完成了施工任务。中午,劳动结束后,雷锋拿起军衣,准备回连队时,一帮工人忽地把他围住了。这个和他握手,那个向他致谢。一个穿白衬衣的人,走上前来拉住他的手,热情地说:"你到这里来劳动,给我们的鼓舞不小。"雷锋不好意思地说:"这有什么!我和大家一样,只是尽了我应尽的义务。"

那位女广播员又问道:"可是干了半天,还不知道你的名字叫什么呢。"

"我该回去了……"雷锋拔腿就走。

广播员故意板起面孔说:"同志,广播你的事迹,不能看成光是对你的表扬,这对我们今后的工作,也会有推动作用呀!"

雷锋只好说出了自己的名字。那位广播员一甩辫子,笑着跑了。不一会儿,她那尖尖的嗓子传遍了工地:

"感谢解放军,向雷锋同志学习!"

雷锋无私奉献的小故事篇3　牺牲经过

　　1962年8月15日上午8点多钟，细雨霏霏，雷锋和他的助手乔安山驾车从工地回到驻地。他们把车开进连队车场后，发现车身上溅了许多泥水，便不顾长途行车的疲劳，立即让乔安山发动车到空地去洗车。经过营房前一段比较窄的过道，为安全起见，雷锋站在过道边上，扬着手臂指挥小乔倒车转弯："向左，向左……倒！倒！"汽车突然左后轮滑进了路边水沟，车身猛一摇晃，骤然碰倒了一根平常晒衣服被子用的方木杆子，雷锋不幸被倒下来的方木杆子砸在头部，当场扑倒在地，昏了过去。

　　战友们立即用担架把他送到附近医院抢救，各级首长立即赶到了医院，同时以最快速度把沈阳的医疗专家接到雷锋床前。由于颅骨损伤，导致脑机能障碍，雷锋这个劳动人民的好儿子，中国共产党的优秀党员，年仅22岁，就这样和我们永别了！

　　8月17日，在抚顺市望花区政府礼堂召开隆重的追悼会，近十万人护送雷锋的灵柩向烈士陵园走去。

　　1963年1月，国防部命名雷锋生前所在的班为"雷锋班"，共青团追认雷锋为全国少先队优秀辅导员，解放军总政治部、共青团中央、全国总工会、全国妇联相继发出关于学习雷锋的通知，《解放军报》《中国青年报》等相继发表社论，评论和介绍雷锋事迹的文章。1963年3月5日，首都各大报纸发表了毛主席的光辉题词"向雷锋同志学习"。

　　雷锋，这个光辉的名字，在我们的心中闪烁着不灭的光芒。他把自己旺盛的青春全部献给了党，献给了人民，他高尚的理想、信念、道德、情操，必将在我们青少年一代身上不断发扬光大，他那不可磨灭的美好形象，将永远活在我们的心中。

课堂思考

你还能说几个乐于奉献的小故事吗？

第二节　大学生奉献精神产生偏离的原因及现状

　　大学生奉献精神并不是高不可攀的，相反，它可以是生活中一个小小的举动。当你在拥挤的公交车上给一位老奶奶让座，当你关紧正在滴水的水龙头，当你捡起地上的一片纸屑并把它扔进垃圾桶里，这些看似微不足道的小事就是奉献精神。而大学生作为新一代的接班人和综合素质较高的一个群体更应该做实践奉献精神的表率。但目前来看，大学生学习的功利性目的日渐明显，奉献精神严重缺失，如不及时纠正将对大学生的全面发展乃至经济社会的快速平稳健康发展产生严重的阻碍作用。这主要是由什么原因造成的呢？

一、社会不良风气的影响

　　21世纪以来，随着改革开放的不断深入和市场经济的迅速发展，经济全球化的程度也随之加深，现代社会的开放性从各个方面影响着大学生的奉献观。

第一,市场经济的负面效应容易导致金钱至上、自私自利等一系列不良现象,造成社会风气的败坏,使得部分大学生内心受到严重的污染,导致他们善恶不分、缺乏正义感,阻碍他们思想道德素质、科学文化素质和心理健康素质的协调发展。

第二,由于经济的高速发展,出现了一些高收入人群,他们中的很多暴富者极力追求奢华生活,加之部分媒体不正确的宣传和引导,使得很多大学生的价值观和消费观受到极大的冲击,导致他们中间拜金主义和享乐主义的蔓延。

第三,经济的发展加剧了文化多元化趋势和个体的生存压力,西方思潮的大量传入使一些大学生功利观念和自由主义思想滋长,从而对奉献精神产生疑问,阻碍了大学生奉献精神的培养和发扬。

二、学校教育理念的偏离

(一) 高校对大学生奉献精神的培养重视不够

大部分高校在经济高度发展的影响下,功利化倾向越来越严重,学校过分以就业率为标准,片面重视应试教育,忽视德育教育,从而导致大学生奉献精神的匮乏甚至缺失。

(二) 高校对大学生奉献精神传授的形式单一

大部分学校都是把公共政治课作为大学生道德教育的唯一途径,依靠书本上的知识来传授给学生,形式简单也没有相应配套的实践活动,大部分学生得不到理论与实践的结合从而很难理解奉献精神的意义,影响实际的行动。

(三) 大学生奉献精神培养内容存在问题

在大学里,教师除了传授课本的知识外,很少关注学生世界观、人生观、价值观的变化,德育内容缺少现实性和时代性,很难找到与学生本身实际的契合点。这样一来,大学生奉献精神就得不到很好的培养和发扬。

三、家庭环境的影响

第一,在现代人才济济的社会中,很多家长一味地要求自己孩子的成绩、文凭、学历以及实践能力,家庭教育往往偏向于重智轻德的教育模式,阻碍大学生奉献精神的培养。

第二,现在大学生多为"90后"的独生子女,很多家长不断地给予,子女也习惯性地索取,以至于他们到了大学很难消除只求物质享受、不顾他人利益的思想观念,自我中心心理比较严重。并且有些家庭条件很好的家庭,受到物质或权力的影响,向钱看,向权看,存在着很不好的家风家教,使得很多大学生没有远大的目标,逐渐远离艰苦奋斗、脚踏实地的优良作风,极度缺乏奉献精神。

第三,现在很多家庭不和睦,导致离婚率越来越高,严重影响着大学生的身心健康,使他们缺乏爱心与责任感,也就更谈不上拥有奉献精神了。

四、大学生自身因素的影响

由于大学生正处于心理尚未完全成熟的时期,加之没有很多的实际经验,所以会很轻易地受到外界的影响,从而对社会的评价过于主观化,处理事情容易情绪化,产生心理偏差,阻碍其内在道德品质的形成,进而导致自身奉献精神的严重缺乏。

 **课堂思考**

说几个日常生活中奉献的小例子。

第三节　大学生如何做到乐于奉献

作为一名当代大学生，应将奉献精神当成自己必备的一项素质，从点滴小事中寻找奉献的乐趣，努力做好每一件事，认真善待每一个人，全心全意为人民服务。那么我们可以从哪些方面去培养奉献精神呢？也许可以从以下几个方面来着手：

一、力所能及，助人为乐

用心去帮助身边需要帮助的同学，好好对待朋友，关心和帮助弱势群体，积极参与扶贫济困活动和各种精神文明创建活动，学好专业知识技能，为祖国的现代化建设做出贡献。帮助别人的人，也能得到别人的帮助。

二、用心学习，强大自我

大学生存在自身的发展特点，心理尚未完全成熟。因此，大学生自己应该正确了解自己，努力克服自己的缺点，注重增强自制力，努力学习、脚踏实地，从自己力所能及的事情开始注意培养自身的责任意识。上课认真听讲，不翘课；考试不作弊，营造一种公平、公正的环境；学好科学文化知识，把自己培养成一个有能力的人、对社会有用的人。

三、小事做起，积善成德

做好自己日常的事情，打扫好寝室卫生，热爱劳动，节约粮食，吃完饭将盘子送到指定的地方，平常多向一些先进典型模范看齐，自觉参加社会实践活动和志愿服务活动，积极投身班集体工作，投身公益事业，将奉献意识渗透到自己的日常行为当中，逐渐养成良好的奉献品质。

 课堂思考

1964年10月16日罗布泊一声威镇山河的巨响，使中国不再面临核大国的威胁、恐吓，而使其变成现实的就是两弹元勋邓稼先先生。

1950年，26岁的邓稼先毅然接受了开拓祖国核事业的重任。从此他告别了妻儿，隐姓埋名，走向大戈壁，从物理学界的讲台上消失了。二十多个春秋后，头发里夹着戈壁滩沙粒的邓稼先回来了，带着两弹元勋的荣誉，但此时癌魔却早已侵入了他衰老的肌体，他光辉的生命已燃烧到了尽头。他临终前对妻子说的最后一句话是"我死而无憾!"

如果邓稼先先生不热爱自己的祖国,会在临终前说这句话吗?会劳苦二十多个春秋,把火热的青春无悔地奉献给祖国的核事业吗?

1. 收集历史上和身边的无私奉献的故事。
2. 利用课后时间,以小组为单位,用心寻找校园里需要帮助的对象,当回小小的奉献者,并收集好活动的照片资料,写一篇心得体会。

士不可以不弘毅,任重而道远。

【出处】:《论语·泰伯篇》

【释义】:作为一个士人,一个君子,必须要有宽广、坚韧的品质,因为自己责任重大,道路遥远。

【解读】:作为现代的大学生,要有无私奉献的决心和品质,要把实现中国梦作为自己的责任,奋斗不息。

参 考 文 献

[1] 李和民.大学生成长导航[M].广州：暨南大学出版社，2014.
[2] 呼和那荷雅.志愿服务对大学生个人发展的作用研究[D].北京：华北电力大学，2017.
[3] 胡树祥，吴满意.大学生社会实践教育理论与方法[M].北京：人民出版社，2010.
[4] 曹勇.当代大学生社会实践的理论探索与实践创新[M].重庆：重庆大学出版社，2015.
[5] 王志.大学生勤工助学指导[M].上海：华东师范大学出版社，2008.
[6] 金宝莲.大学生成长成才导论[M].沈阳：辽宁人民出版社，2012.
[7] 焦雨梅，冉隆平.大学生创业教育[M].北京：航空工业出版社，2013.
[8] 杭勇敏，潘中锋.大学生创新创业教程[M].北京：中国言实出版社，2016.
[9] 辽宁省精神文明建设指导委员办公室.诚信的力量[M].沈阳：辽宁教育出版社，2014.
[10] 李和民.大学生成长导航[M].广州：暨南大学出版社，2014.
[11] 肖祥剑.成由勤俭败由奢[M].北京：中共中央党校出版社，2014.
[12] 白雪峰，王畅.论当代大学生节约意识的培养[J].郑州：河南师范大学学报（科学教育版），2016（1）：67－71.
[13] 陈晓丹.节约小窍门[M].北京：中国戏剧出版社，2009.